U0456946

好 老 板
胜过好老师

哈佛剑桥都学不到的**9**个职业成功精髓

黄志坚◎著

A GOOD BOSS
IS BETTER THAN A GOOD TEACHER

中国致公出版社
China Zhigong Press

图书在版编目（CIP）数据

好老板胜过好老师 / 黄志坚著 . -- 北京：中国致
公出版社，2017

ISBN 978-7-5145-1059-1

Ⅰ.①好… Ⅱ.①黄… Ⅲ.①人际关系—通俗读物
Ⅳ.① C912.11-49

中国版本图书馆 CIP 数据核字（2017）第 167832 号

好老板胜过好老师

黄志坚 著

责任编辑：尤 敏 卜艳明

责任印制：岳 珍

出版发行：中国致公出版社
China Zhigong Press

地 址：北京市海淀区翠微路 2 号院科贸楼

邮 编：100036

电 话：010-85869872（发行部）

经 销：全国新华书店

印 刷：北京美图印务有限公司

开 本：787mm×1092mm 1/16

印 张：15

字 数：194 千字

版 次：2017 年 8 月第 1 版 2017 年 8 月第 1 次印刷

定 价：39.80 元

向好老板学习，做最好的自己

犹然记得，走出大学校园后，有两份工作供我选择：一是某出版社的文科编辑，二是某公司的总经理助理。慎重考虑之后，我选择了总经理助理这份工作。

中小型企业的总经理助理的待遇并不比正规出版社编辑的待遇高，只是因为一位大学老师说过的这样一句话——"出社会，首先要学的不是技能，而是做人"，我最终抱着锻炼自己的心态进入了该企业。

第一天上班时，身处一个与学校完全不同的环境里，我因为陌生的氛围而惴惴不安。人事部主管领我去总经理的办公室报到，只见一位中年男子正气定神闲地坐在办公桌前看公文。

"这就是我的老板了。"我正想着，人事部主管已介绍完我的基本情况，然后离开了办公室。老板抬头看了我一眼，说道："不用那么紧张，我也是你同事中的一分子。"这句开场白打消了我的紧张，我对他感激地笑了笑。

接着他问了我一个问题："你知道我们公司的业务范围是什么吗？"这个问题让我深感窘迫。来之前总想着会有人传帮带，故而面试之后就再也没有对公司进行深入了解，只好草草敷衍几句。

听完我的回答，他说："其实从面试到录取你进入公司，中间有半个月的时间，但你都没有对你想要进入的公司进行更深一步的了解，这说明你的功课做得不够好。这就好比我要去与一家公司谈业务，如果前期不进行了解，那么最后肯定是会失败的。"

他的这一番话，不轻不重，但让我印象十分深刻。

接着，他又问我："如果把这份工作比作恋爱。你和工作谈恋爱，你觉得从你们俩认识到分手，需要花多少时间？"

如此委婉而又露骨的提问！才短短几分钟，老板仿佛看穿了我只是前来锻炼的心思。我有些窘迫地斟酌了一会，讷讷地小声回答道："一年。"

老板听了后说道："了解一份工作是很不容易的，需要经历一个发现问题、解决问题的过程。说不定你就会在不断地学习中喜欢上你这份工作，所以希望你有学习的规划，我也不希望我公司的这个岗位流动性太大。"

最后，他给我布置了一个写公文的工作。要求我按照样例写好，在下午两点之前交给他。

我接下公文，总算松了一口气。公文写起来并不难，但拖拉的习惯让我直到下班之前才把公文完成并交了上去。我以为老板没有过来询问我的工作进度就代表这个公文不着急用。没想到老板告诉我说，已经不需要我的公文了，约定两点上交，但我五点钟才交，已经超时了！

"如果这是一次与其他公司的合作，你的违约将导致合作的失败。"老板说这句话的时候不动声色，很轻很轻，但在我听来却如雷贯耳。

这就是我踏入职场生涯的第一天，老板给我上的三堂很重要的课：

第一，把握主动权很重要；

第二，要有学习的规划；

第三，守时。

直到十多年以后的今天，我依然对那一天难以忘怀。而老板在不经意间传授给我的这些工作要点，让我一直十分受用。它贯穿了我整个职场生涯之中，以至于我离开那家公司这么多年，仍不会忘记我的第一位老板，他不仅仅是我的好老板，更是我的好老师。甚至可以说，我的好老板对我人生的影响，远远胜过上学时教导过我的好老师。

"好老板胜过好老师"这一结论看起来在人生的意料之外，事实上也在情理之中。

长久以来，人们习惯将学校的本质与社会的本质区分开来。认为学校是"创造"人才的地方，而社会是"使用"人才的地方。所以，学校以"学"为主，社会则以"用"为主。两者的关系看起来或独立或促进，犹如两条交叉的平行线，唯一的交接点是毕业之际。

毕业典礼过后，离开学校，我们仿佛终于卸下了"学习"的担子，扎入社会，恨不得在一秒钟内就做到学以致用，让数十年寒窗的学识转为现有的财富。殊不知，人生的课堂才刚刚开始。

学校与社会好比多条细绳紧拧的粗麻绳，两者之间貌似独立，实则紧紧相依。学校与社会以融会贯通的形态存在，这其中的共通点就是学习。唯一不同的是，学校是通过学习课本来累积知识，社会则充斥着无处不在的学习机会。倘若将学校与社会进行类比，社会相当于一个大学堂，公司是社会教学的具体地点，员工是学生。从这个角度来看，员工最好的老师就是老板。

初入职场，谁不是摩拳擦掌，准备大展身手呢。但有热情却不能盲目，有勇却不能无谋。我们不再像在学校一样有老师指导，而学校教授的知识也未必能在职场中立竿见影地派得上用场。公司业务、职场关系的处理等，似乎处处都需要我们自己领悟体会。但果真如此吗？刚进入职场的你，是否一定只能凭自己的感觉走着弯路？

其实不然，我们只需要向优秀的人学习，就可以少走很多弯路。而在工作中，我们打交道打得最多的优秀人才，当属我们的老板。一位好的老板会在一言一行中影响着每一位员工的所作所为。一位好的老板不仅会领导公司发展壮大，迈向美好的明天，还会让每个员工都懂得如何做一个好人、一个优秀的人。无数事实证明，好老师教我们怎样在考试中胜出，赢得学历证书；好老板教我们怎样在职场中胜出，赢得高薪高位！

如今，有非常多的职场年轻人，都对马云、李开复、俞敏洪等青年导师非常崇拜，并努力向他们学习。这种做法非常好，也确实能学到很多不错的东西。但笔者还认为，追求职业成功时，学马云、李开复、俞敏洪这些青年导师，远不如学你身边的好老板更让你受益！

本书从九个方面帮助你如何向好老板学习，进而赢取你的职业成就。这些从无数职场成功人士身上归纳总结出来的职业成功精髓，即使是世界上最伟大的高校，如哈佛、剑桥、牛津、麻省理工等，都不会教你。

总之，把好老板的真本领都学到手，努力做最好的自己，你必成骨干，年薪百万千万，前途无量！愿你学习与实践结合，在学中做，在做中学，最终成就你的职业梦想。

目录 Contents

Chapter 9

向好老板学做赢家：助你在职场中胜出的9件事

Chapter ¹

从新手到高手：

如何精进成一个很厉害的职场人

职场断乳期：离开学校你就真的毕业了吗

> 职场断乳期来临，员工应该如何应对呢？你真的是一个合格的毕业生了吗？

所谓"职场断乳期"，是指在职场中，由于工作环境、条件的变化，职场人逐步摆脱以往的工作认知、环境，实现自我成长的一段时期。

尤其是刚走出校园的职场新人，对于他们来说，从学校到职场是一个巨大的挑战。学校中的知识需要重新架构、组装才能适用于新的工作环境。他们要脱离以前习惯性依赖别人的做法，重新出发。

前段时间，我们单位招来了一位实习化学编辑。小伙子即将走出校园，对未来信心满满。应聘时的侃侃而谈，给人的印象是他的人生规划十分明晰，并且已做好在本职位长期做下去的准备。可半个月之后，我收到了他在凌晨一点钟发给我的一条 QQ 离线消息："领导，我找到了一份更适合我的化学试验室工作……"

于是，他之后就真的再也没来过了，电话也打不通。这让我不禁想问：这孩子到底怎么了，来或者不来一个公司上班都显得如此肆意，仿佛过家家一般简单……

我有一个朋友是中国一冶集团广东分公司的负责人，他也遇到过被职场新人"放鸽子"的事。他有些气愤地说道："现在的 90 后找工作要求很高，就算没找到工作的也大多是无所谓的样子。"前一段时间他们也招过几个毕业生实习，待遇算得上行内的中上等，可是还没到两周就都不来了，说工作太单调。

有时真的很想问一问，那些正在照着毕业照、拿着学士服，呼啦呼啦喊着"毕业了"的毕业生们，在闪光灯按下的一刹那，就真的毕业了吗？

不可否认，从校园出来的我们一定不能忘记自己的初衷——要为实现梦想而不断奋斗，但这一切得建立在合理的态度之上。

是的，每个刚毕业的学生都如同一张白纸，如何在纸上画出第一笔非常重要。而很多用人公司也希望能够帮助这些"白纸们"拨开迷雾，早日呈现出精美的图案。可是这些尚在职场断乳期的学生们，完全没有做好担负这一切的准备。要知道，工作需要责任心，这份责任一方面来自于工作本身，另一方面是对自己的负责。只有怀揣这样的责任心才能让人拥有踏实的展示舞台，让人在职业生涯中获得真正的进步。

要知道，大学毕业只是意味着知识毕业。进入职场才是智慧与为人"修炼"的开始。大学毕业在人生的学习旅程中只是一个小小的转折点。初入社会，我们要学习的东西太多，因为学校所学的东西多偏向于理论，只能算是职场厚积薄发的积累。在刚入职场时，我们更多需要的是实实在在的为人处世、做人做事的道理，而这些，是书本上或学校的老师教不来的。

李开复在浙江工商大学演讲的时候就说过一句话："挑一个好老板很重要。"刚刚毕业的学生，只要以"学习"的意识去工作，以"学习"为目标，试图在选好的行业中去寻找，就一定能够找到一位好老板。而找到了一位好老板，就等于拥有了一份好工作、一个美好的未来。

有了好老板的帮助和支持，将更加有利于我们培养自己的工作能力，规划自己职业生涯的发展。从中建立起自己的人际关系网络，为工作的持续发展奠定基础。

当然，如果好老板还没来临，我们也可以从提升自我先做起。当你学会以真诚对待他人，以自信创造成绩，别人也会觉得你是一个可靠的人。在一步步成长中，帮助你度过"职场断乳期"的好老板，也会悄然来到你身边。

正视自我，珍惜好老板的帮助，你就可以勇敢地跨过其实并没有那么可怕的"职场断乳期。"

 思 考

1. 你是如何度过你的"职场断乳期"的？请分享一两个真实的故事。

2. 你在刚毕业时，是如何挑选自己的第一份工作的呢？

职场迷茫期：也许你对"好工作"有很深的误会

> 好的工作是什么？好的工作就是能让员工本身不断提升的工作，就是能给员工学习的空间，让员工拥有学习导向，不断进步的工作。

怎样的工作才是一份好工作？

甲说："薪酬高，职位高的工作。"

乙说："按时上下班，有双休，有年假的工作。"

丙说："有年度旅游，平时活动多多的工作。"

丁说："干起活来不累，压力不大的工作。"

……

不同的人对"好工作"的标准有着不同的见解。那么，"好工作"到底是一个什么样的概念呢？什么样的工作才能称得上是真正的"好工作"呢？

先从职业上来说，很多职业听起来就十分像"好工作"，比如律师、会计、公务员、程序开发员等等。

拿会计来说，在众人眼中，它稳定、轻松、赚钱多。特别是考上注册会计师，进入著名的四大会计事务所，听了都令人羡慕不已。可行外人又如何知道，那些担负着审计工作职能的会计师，每周平均工作时间一般在70个小时左右，每年平均出差时间是170天。

再看时下人人都想往里"参一把"的公务员，这个职业是大多数人眼中的"铁饭碗"。考上了一辈子都不用愁，当然是份好工作。身边一个朋友早在八年前考上了公务员，那个时候的他是满腔热血投身公考，凭借实力进入体制内。可进入之后才发现公务员这摊"水"实在"太深"。从底层做起，由最初年薪不到两万到现在的七万左右。物价横涨，巨大的生存压力让他喘不过气来。

经济负荷加重不说，精神上所想享有的成就感更是少。每年都有新人考入他们单位，也有老人到龄退休。人才彼此更迭，让朋友常常感叹道："看我们这一辈人，要想活得好的路子多得去了，我为什么就选上了这样一条'不归路'呢……"

由此可见，这个世界上没有绝对的好职业。那些看起来美好的职业犹如我们常在电视上看的广告，宣传起来完美无缺，用起来就鄙陋多多了。因而，我们不能将找到一份好工作的途径放在选择一个好职业上。

从工作本身来看，没有人不喜欢高薪资、高福利、高职位的工作。但这样的工作就是绝对的好吗？如果这份工作的"三高"都只建立在当前情况下，在以后十年、二十年的发展中，它因为没有高平台、多资源、强人脉的辅助而停止发展。那你还能说这样的工作是好工作吗？

身边的许多年轻人在选择工作时，会将"月薪多少""工作时间长吗""有哪些福利""有多少假期"，以及"什么时候调薪"等作为条件来评判一份工作的好坏，这些东西显然只是好工作的"面具"而已。

其实，无论从职业还是工作本身来讲，都没有绝对的好坏。每个行业，每份工作必有其不如人意之处，我们唯一能做的就是努力做最好的自己！自己有素质，自己有能力，自己有才华，自己好，工作才会好。

那么，如何才能让自己变得更好，让自己成为一个能够拥有一份相对来说好的工作呢？

无数事实证明，只有学习才是王道。因而，我们在找工作，在评判一份工作是否好时，一定不能忽视一项重要因素，那就是"我可以向谁学习"。

有关专业调查发现：90％以上刚入社会的年轻人认为："我走向社会，已经具备了向社会索取的劳动力。"所以在选择的过程中，首要考虑的是获得，而不是付出。殊不知，只有自己付出后拥有的越多，往后获得的才会越多。

明确这一点之后，"选择哪些人成为工作的导师"就成为了很重要的问题。要知道，你和什么样的人在一起，向什么样的人学习，你就会成为什么样的人。所以，步入职场的我们在选择工作的时候，最好能擦亮双眼，寻找到一个能力优异的老板。

每位老板都有其过人之处，如若有幸遇到一个好老板，他不仅能给员工一个良好的发展平台，更能教会员工很多"生存的本领"。反之，如若你的老板无法教给你这些东西，或你所选定的学习对象，再也无法找出值得你去学习的地方。那么，你应该果断选择离开。

好的工作是什么？好的工作就是能让你本身不断提升的工作，就是能给你学习的空间，让你拥有学习导向，不断进步的工作，这才是"好工作"的本质。千万别误会了"好工作"，也别认错了"好工作"，否则，你将永远也得不到它。

 思 考

1. 谈谈你心中"好工作"的标准是什么？
2. 你是否会将"高薪"视为你找工作的第一要素？

职场开拓期：求职路"盲"，该以何为导航

> 求职本就不是一道单纯的选择题，它是对一个员工素质、情商、能力等多方面的综合考验。

到毕业季，很多同学会发现，身边不少校友都顺利地得到了入职offer。而自己的能力、成绩并不比他们差，却只能一直徘徊在用人单位的大门外。

张东是一位计算机专业的应届毕业生，参加了一场又一场招聘会，投递了无数份简历，却始终未能找到心中满意的工作。面对招聘会中数以百计的用人单位，众多的招聘岗位令他眼花缭乱，茫然充斥着他原本就焦躁的内心。他甚至考虑实在不行，就直接去所谓的求职导向机构（中介）交费等待"好工作"的来临。

求职本就不是一道单纯的选择题，它是对一个人素质、情商、能力等多方面的综合考验。很多人在求职路上失去了判断能力和方向感，本应该充满激情和动力的职业选择，在他们看来变成了一个艰难的问题。这就像我们在高考填报志愿时，总是会感到纠结——是选一个好专业，还是选一个好学校。再加上目前市场中的一些求职导向机构并不完善，给就业增加了更多阻力。可这样是不是就意味着求职之路没有"指明灯"可寻呢？

答案当然是否定的。在求职的过程中，除了需要应聘者为自己树立一

个正确而实际的职业生涯规划之外，还离不开"求职导航"的判定，这个导航就是好老板。

一个企业要想寻求发展，离不开好老板的才能、魄力。而一个求职者要想找到一份能够带给自己舒适人际关系、资源环境和更多能力提升的工作，同样离不开好老板的指挥和决策。

如果可供你选择的目标企业是小规模企业，或者是民营私营企业，那么选择一个好老板就更加必要了。因为这些小规模的企业多数处于发展期，因而他们可以提供给员工的发展机会也相对较多。

在中小规模的民营私营企业中，存在很多家族式企业。相当一部分此类企业的重心职位和部门都由老板或其亲属亲自掌管，其他员工很难在企业内部得到晋升的机会。而如果老板知人善任，对普通员工也能够给予充分的信任和支持，那么你就有机会获得更多的发展资源。

据调查，应届大学毕业生中有相当一部分都选择了民营企业和中小型企业，但是这一类型的企业往往又是大学毕业生们雇主满意度最低的类型，这就需要我们在求职的过程中擦亮双眼，寻找到一个适合自己的企业。

有些老板刚愎自用，既不懂得现代市场中的经营理念，也没有开拓事业的规划，还不肯接受别人的意见，那么员工肯定会以消极的态度怠工，即便是选择你进入这样的公司，一开始获得了不错的薪水和职位，一段时期以后，你会发现身边的员工对于老板都没有一种向心力，同样也会消磨掉你的工作斗志。

因此，只有经营能力强，具有战略性眼光和决策手段的老板才能令员工信服，并为之拼命工作，共同创造业绩。所以企业的兴衰主要决定于老板是否能够对员工形成一种向心力，是否促使员工为实现个人价值和企业利益而贡献自己的才能与智慧。在挑选企业和雇主时，你应该去考量企业的发展前景、企业文化和员工付出与得到的薪酬配比，这些关键因素决定了企业的领导风格和气氛。

古语说得好："良禽择木而栖，良臣择主而事。"用这段话来解读职场，就寓意着员工只有跟随有能力的领导，才会实现人生价值，获得更好的前途。否则就是在消耗年华，浪费时间。

一开始选择企业时，应届毕业生们就应该慎重行事，多角度多方面去探听、观察企业工作氛围和企业老板行事风格是否值得自己为之奋斗。或者，应届毕业生们还可以选择先在有兴趣的单位寻找一份实习的机会，循序渐进，在实地体验之后再确定意向单位。

职场新人们如果贪图薪水和虚名，那么以后留给自己的会是无尽的郁闷和压抑。求职路上，应该将眼光放远，将心态放平，究竟这个企业的老板能够给我们提供多大的发展平台，这才是我们选择职业时重要的参考意向。

如何寻找到一个优秀的企业或老板，对于准备或是初入职场的年轻人来说是有点难度的。很多人会说现在找个工作这么困难，哪里还有资本去考量单位老板的发展前景呢？其实不然，如果本着对自己以后职业前途负责的态度，在求职之初，职场新人就必须要付出比其他人更多的心思，运用更多的观察技能。试想一下，若是你本着得过且过的心态求职，那么在工作一两年之后，你又会衍生出诸多错误的职场习惯或认知，到那时要再想调动工作，就意味着你得重新开始，职场经历也很可能会变得毫无价值。

求职路上，员工要历练自己"慧眼识珠"的能力，如果不以发展前景和领导风格为导向，分不出领导的优劣，那么对于其来说，选择哪个企业也就变得毫无意义了。

用我们的眼睛去发现，哪个老板的工作风格最能带给员工动力，为员工创造更多的机会。选择这样的老板，会令我们在最短的时间内获得最大的收获。此外，好老板还是敢于承担责任的人，如果一个团队出现问题时，老板总是神龙不见首尾，员工们就应该保持警惕性了。这样的老板今后同样也不会为自己工作的失误埋单，他会将一切失误推给员工。碰到这样的老板，必须擦亮你的眼睛，保持冷静的头脑，即便他给出的薪资待遇再高，你也要尽早离开。职场新人只要在具体的工作环境中用心去体会，去观察，就一定会发现有关老板风格的"蛛丝马迹"。

此外，职场新人们还需要用心去感受心仪企业的文化氛围。一个企业的文化氛围是其发展的精神动力，良好的企业文化氛围会感染员工，激励员工，并且为员工营造出舒适的工作环境和状态。

总之，职场新人应该灵活地分析希望求职的企业，对自己的未来发展有个明晰的规划，这样才能避免自己走一条"盲路"。为了找到最适合自己的企业和领导，多花一点心思去观察和考量，才是一项在日后会令你受益无穷的投资！

｜思 考｜

1. 你认为具备什么样特点的老板才可以被称为好老板？

2. 你有过求职过程中"盲路"的阶段吗？是如何克服的呢？

职场识人期：选择好工作还是好老板

> 企业中，老板是领导和组织的核心。如果一个团队士气不高，松散懈怠，只能说明这个老板不是好老板。好老板应该与员工风雨同舟，而不是只会给下属施加压力。他需要准确地测定企业前进的方向，并教会员工在风浪中搏击的技巧。

李星是一家商贸集团的企宣专员，在外人眼中工作体面又能力出众的她，最近却感到异常苦闷。因为她的老板一直以来都实行独断的领导风格，很多时候完全不考虑下属的感受，"任性"地下达指令，这让李星难以接受。

虽然李星在工作中很卖力，但是上一周的部门负责人竞选活动中，老板根本没有经过公平的竞争，就直接任命了他的一位亲属，李星觉得自己近半个月的竞职准备全部浪费了。

此外，老板在工作中对待员工极为严苛，他总是习惯性地多次让员工交同一份活动方案，其实只看最后一遍。工作压力大又难以得到一句肯定和鼓励，老板的这种行为让很多部门成员都叫苦不迭。

李星回想自己当初毕业选择这份工作时，将薪水、工作地点、奖金、工作时间等客观内容都罗列成表格，斟酌再三才选择的这家公司，可就是没有想到要提前打听一下老板的办事、领导风格。如今在"恶魔一般"的老板手下工作，让她苦不堪言。

像李星一样，很多职场人都选择了一份在别人眼中"看起来"不错的工作，而不是一位好老板。但是要知道，在入职的前几年，每个职场新人都是在工作中接受"培训"。除了要学习专业岗位的知识和技能，还要学习很多职场"软件"配置，比如管理方式、人际交往技巧、处理各种情况的应变能力等，这些都离不开你职场中第一个老板的示范和引导。

进入职场的前十年，员工能够获得什么样的职位和成就，不是看你从哪所学校得到的毕业证，也不是看你曾经在哪家公司有过耀人的履历，而是看你在这些年中积累了什么样的能力和才能。只有积累了真正能力的人，才能够为自己的人生履历中增添一笔有价值的浓墨。那些经过正确引导和熏陶的员工才能够增加自己的隐性和显性价值，否则只能算是一个普通的职场老人。

企业中，老板是领导和组织的核心。如果一个团队士气不高，松散懈怠，只能说明这个老板不是好老板。好老板应该与员工风雨同舟，而不是只会给下属施加压力。他需要准确地测定企业前进的方向，并教会员工在风浪中搏击的技巧。"坏老板"就不能保证可以做到这一程度了，或许在遇到困境和问题时，他会选择让员工替代他承担责任，在风浪中逃避得比谁都快。

一个人纵有再多的才能，跟随一个坏老板，再强的能力也会逐渐化为泡影。只有老板给予员工开明的政策和激励机制，才能让员工更好地施展拳脚。

一份好工作带给员工的只能是固定的薪水和一份稳定，而一个好老板除了带给员工满意的薪资待遇和福利待遇之外，还可以挖掘员工自身都不知道的潜力和能量，从而创造更大的人生价值。

一个人进入职场，进入社会，最开始都是一种懵懂和摸索的状态。如果单纯靠自己的能力打拼，或许也会获得成功，但是如果跟对老板，找到一位人生的伯乐，将会大大提升我们的成功率。

好老板就像是员工职场中的一盏指明灯。在好老板身边，我们可以切实地学习到职场成功者多方面的精华，还能够较为容易地掌握更多的人脉资源，方便我们拥有更强的外力支撑。此外，好老板的光芒可以影响你，为你加分，无形之中也提升了你的个人价值。

雅芳公司总裁钟彬娴曾经连续六年被评为"全美最有影响力的50位商界女性"的杰出代表，在很多人心中她是一个成功的典范。

但是很少有人知道，她的成功一定程度上就取决于她选对了老板。初入职场之时，她只是布鲁明岱百货公司里一个不起眼的销售员。但是她的老板——副总裁法斯却是一个善于识别"千里马"的伯乐。她非常赏识钟彬娴的销售才能，在法斯的帮助和支持下，钟彬娴得到了更多施展才华的机会，很快便升任公司高层。

后来，钟彬娴为了求得更广阔的空间发展，跳槽到了雅芳公司，跟随时任CEO的普雷斯工作。这次选择同样没有令她失望，钟彬娴得到了普雷斯的推荐和帮扶。二十世纪末，钟彬娴升任雅芳公司首席执行官。不久，她又被推选为雅芳全球董事会主席。

钟彬娴的成功除了她自身的努力外，更加离不开前后两任重要老板的识人善任。选对了老板，就等于她为自己的成功开辟了更加宽广的道路。

每个人都盼望着自己能拥有成功的事业。选对老板，才能为自己赢得更多的空间。因为好老板在教导你的同时，还会为你提供可以展现自我的平台。

 思 考

1. 李星和钟彬娴的故事分别给你带来哪些启示？

2. 你的老板是"恶魔型老板"吗？如果是，你将如何应对？

职场选择期：老板 or 薪资，你下哪一注？

> 好老板不会刻意拉开自己与员工之间的距离，他们大多能够与员工之间建立平等和谐的关系。好老板相比于高薪资来说，更有利于帮助员工实现真正期待的职业理想。有些老板则相反，他们经常会错误地指责员工对自己的意见和看法，并且习惯性地扭曲员工的言行。这样的老板很少会有关系密切的同事或者朋友，他们的多疑使自己与别人之间很难建立起一种良性的关系。

份针对求职者期望与就业满意度的调查研究表明，多数求职者在求职过程中对自己的就业标准都有明确的划分，而高薪资和好老板是他们考虑最多的两个方面。那么，在求职中，我们到底应该以哪个方面来作为评判自己选择工作的决定因素呢？

Lucy 在工作四年期间换了三家公司，用她自己的话说，那是一段挣扎在高薪资和好老板之间的时期。

第一家公司老板给刚大学毕业的 Lucy 开出了一份在同行业内都比较有竞争力的薪资待遇，Lucy 在第一家公司工作之初怀抱着十足的动力，希望自己能在这份来之不易的工作中做出一番成绩。

可是工作久了之后她发现，她的老板是个典型的"傲慢型老板"——

他通常都是一副自命不凡的样子，在工作中也比较强势。对待别人时，也总是一副高高在上的样子。Lucy的老板认为自己给员工的待遇都是行业内令他人艳羡的，所以员工理所应当绝对服从他的指令，因而员工们很难与他平等对话和商讨事情。

久而久之，压抑的工作氛围，让Lucy受不了这位老板固执的办事风格，她和其他员工都觉得和公司之间总是建立不起一种信任感。

一年后，Lucy辞去了这份工作，很快又应聘到了另外一家薪资待遇同样不错的私企。可是令她没想到的是，新公司的部门经理不能客观地评判下属的工作业绩，总是以高度敏感的情绪对待下属，而下属绝对不能对他的工作提出一点质疑。

Lucy感到自己不能在选择工作时一味地考虑薪资待遇了，一个老板的好坏直接关系到她的未来发展前景和晋升机会。因此，在选择第三份工作时，Lucy特意详细打听了这家企业的企业文化和工作环境，最重要的是，她认真考虑了老板的办事风格是否符合自己的职场期待。在一场"职场选择战役"中，她最终明白了，好的老板相比于高薪资来说，更有利于帮助自己实现真正期待的职业理想。

高薪资是很多人在求职中首要考虑的因素。毕竟一份在同行业内有竞争力的薪资待遇可以带给我们稳定的收入，让我们在最短的时间内享受到工作待遇的成就感。此外，对于自己的家人、朋友来说，拥有高薪资在他们眼中也是衡量我们是否工作顺心的重要评判标准。但是，高薪资背后也隐藏了诸多的现实问题。如果这份工作待遇不错，但是需要你牺牲自己大部分的额外时间；或者这份薪资待遇不能带给你长久的职业发展，不利于你将来的职场规划。那么，你就应该重新考量自己是否应该为这份高薪资工作做出如此大的"牺牲"了。

事实上，碰上一个好老板有时候比一份好工作要难得多。好的老板会在关键时刻维护自己的员工，并且可以向职场新人教授很多重量级的"课程"。如果你的老板和员工相处时不会为难对方，员工出错时也不会当众批判对方，员工做出成绩时不吝惜自己的赞扬，会常常当众肯定员工和下属，那么恭喜你，你遇到了一位不错的老板。

好老板不会刻意拉开自己与员工之间的距离，他们大多能够与员工之间建立平等和谐的关系。有些老板则相反，他们经常会错误地指责员工对自己的意见和看法，并且习惯性地扭曲员工的言行。这样的老板很少会有关系密切的同事或者朋友，他们的多疑使自己与别人之间很难建立起一种良性的关系。

好老板大多拥有着较高的情商和管理能力，这让他们能够在职业生涯中建立起良好的人际关系网络。正所谓，得道者多助，因此他们的事业发展在行业内也通常能够拥有一个令人瞩目的前景。遇到这样的老板，即便是一开始他给予员工的薪资待遇在同行业内不占优势，但是随着企业的发展，员工一定会在日后获得一个较为满意的薪资待遇。

 思 考

1.Lucy 的故事给你带来哪些启示？

2. 你会选择高薪资还是好老板？

职场起步期：怎么选择我们的第一份工作

> 在职业的发展道路上，第一份工作对于每个人都有着十分重要的意义。如果员工对这份工作充满了热情和灵感，这会让他们时刻都能感受到快乐，达到事半功倍的效果。

俗语说："男怕入错行，女怕嫁错郎。"其实不管对于男人还是女人来说，选择一份合适的工作都是一件关乎到未来个人发展的事情。如果我们面对令人厌烦的工作，就很容易产生负面和反感的情绪，从而降低我们的工作热情和效率。而当员工面对自己喜欢的工作时，就会倾注完全的热情，自身会产生强烈、积极的意志和信念，内心的意愿会驱使我们将喜欢的工作完成得更加完善。

唐拉德·希尔顿是世界著名的旅馆大王。他所经营的产业涉及很多方面，成为商界令人瞩目的标杆。究其创业过程可发现，希尔顿仅以5000美元起家，经历艰苦的奋斗，最终营造出属于自己的酒店王朝。这其中，他对于第一份工作的选择为他事业的发展打下了坚实的基础。

唐拉德·希尔顿20岁时，他父亲的生意在经济危机中遭遇了巨大的冲击。为了偿还债务，父亲开始兼营旅馆业。因为家道中落，唐拉德·希尔顿决定放弃学业，回去帮助父亲经营旅馆。

唐拉德·希尔顿的第一份工作，便是帮助父亲经营旅馆。在经营的过程中，他勤劳恳学，将旅店经营得井井有条，这也坚定了他日后创造属于自己独立事业的决心。一年后，父亲将家中的部分生意交给唐拉德·希尔顿打理，并转让给他部分股权。

由于对旅店和商店经营具有浓厚的兴趣，因而唐拉德·希尔顿很快便在经营中展露了出色的能力，学习成效也变得十分显著。在较短的时间内，他便学会了处理各种复杂业务的技巧，并且掌握了与不同类型顾客打交道的方式和方法。第一份工作的积淀，让唐拉德·希尔顿在不久之后迅速实现了自己的事业理想，跨入世界酒店经营佼佼者的行列当中。

每个人身上都有独特的潜质和才能，只有选对工作才能激发自己与生俱来的潜能。但不是每个人都可以幸运地在工作中尽情展示自己的才华。有些人在选择第一份工作时充满了迷茫的情绪，胡乱地选择了一家并不适合自己的企业。那么在日后的工作中，他可能就需要付出比别人多几倍的努力，去弥补自己职场技能的欠缺。

在选择第一份工作之前，首先应该认真考虑两个问题：

（1）我有什么优势？

（2）以后我想成为什么样的人？

对自己有个认真的分析之后，能够让我们明确自己的综合优势，包括性格、专业、兴趣等。如此一来，就能让我们对自己的未来发展方向有比较清晰的认识。

选择一份工作就是选择一种生活方式。除了考虑自己的能力和需求外，我们还应该掌握对于工作的判断能力。那么，好工作通常具有哪些特性呢？

（1）高薪资及个人发展空间

一份合适的好工作应该能够给予员工较为满意的薪资待遇。满意的薪资待遇和晋升渠道可以让每个员工的自尊心和自信心得到充分的尊重，促使每个人的个人价值和能力更好地体现出来。

（2）明晰的职业规划

好工作应该能为你日后的职业发展规划补充正能量，成为员工职场的第一个起点，不但可以给予员工自信心，还能让员工收获正确的工作技能。

不要轻易地选择第一份工作。一般来说，职场新人的第一次工作体验在其人生经历中是十分重要的，它影响着今后职场人的就业心态和规划。如果不加思索考虑，盲目地工作就是对自己的不负责任。一时冲动，在将来或许需要花费你双倍的精力去回到属于自己的职场正轨上。

所有在职场中能够获得成就的人，对于自己的第一份工作都是怀抱着明确的目标和坚定的信念，并且持之以恒地坚持下来。他们大多会去选择一份能够发挥自己特长和兴趣的工作，来铺垫自己的职业前程。

当然，只选择了工作而不付出努力也是没有前途的，用心和勤勉同样重要。在认真慎重地选择了第一份工作之后，如何开启这一段新的征程便是紧随而来的重要考验。

第一份工作能带给我们什么，取决于自身以什么样的心态去抉择！慎重选择，才能带来收获！

 | 思 考 |

1. 还记得你的第一份工作是什么吗？

2. 浅谈一下，你的第一份工作为你带来了哪些收获？

职场塑造期：好公司与好老板能打造更好的你

> 事业成功与否，关键就在于我们是否能够进入一个好公司，是否能够足够幸运地结识一个好老板。这不仅关系到员工自身的工作效率，从长远来说更是一种潜在投资。以好公司为晋升平台，以好老板为恩师榜样，员工才会在追逐成功的道路上飞翔得更加轻盈和欢畅！

很多人只认识到名校名师的威望，却极少知道好公司好老板比名校名师更为重要。公司为员工提供了最直接的学习平台，而老板则以身作则为员工教授了许多受益匪浅的"课程"。虽然选择工作的过程很艰辛，但是只要能够把握住机会就能够体会到好公司、好老板带来的好处。

好的公司可以激发员工的工作激情，并且让他们在不知不觉中收获职场专业技能，同时增强他们独立应对任务的自信心和能力。

玛氏公司是全球知名的食品生产商之一，它所生产的巧克力、糖果等产品拥有众多的消费者。

玛氏公司在应聘环节十分严苛。应聘者需要面对层层关卡，只有坚持到最后的胜利者才有机会最终获得合格证。无论应聘成功与否，参加应聘的人们大多都能通过一场场考核学习到很多实用的技巧和能力，包括应变能力、专业知识等方面。而最终成功应聘的人员更能体会到一种油然而生的自豪感。

好的公司对于员工来说就像是一所学校。它可以带领员工领悟到不同层次的行业技巧。就像可口可乐公司可以让员工领悟到什么才是生动化陈列；宝洁公司可以让员工领悟到什么是经营的技巧和手段；雅芳公司可以让员工领悟到什么是市场运营的终极秘诀……只有在优秀的公司，员工才能在最短的时间内，以更快的速度学习到改变自己人生轨迹的职业发展奥秘。

一个出色的企业能够带给员工的是绝非能用薪水量化的财富。它可以改进员工的思维方法，让员工以更加开阔的视角去审视自己的职场生涯。在未来的职场发展中，员工能通过改变思维，给自己寻找到一条通往未来的阳光大道。

老板和公司一样，同样会对员工起到至关重要的影响。好老板不仅能在工作上给员工很多宝贵的指导，鼓励员工在职场中更加自信地前进，甚至会影响员工的思想和行为。一旦老板获得了更加广阔的平台，员工也会随之收获鲜艳的果实。

如果你没能遇到好老板，你会感觉在工作中处处受束缚，就像遇到一只"拦路虎"一样难以用积极的心态去迎接每天的挑战。因为那些"坏老板"不能引起你学习的兴趣，反而会用各种各样的事情磨灭你的自信。

二十世纪三十年代，松下幸之助准备投资开发小马达。他看到了家用电器市场中以小马达为驱动的电器市场潜力。他认为家用电器市场将会很快迎来属于小马达的时代。于是，他提名任用了自己公司中一位优秀的研发人员中尾，全权负责小马达部门的研发工作。

一日，中尾正在研发实验室刻苦地工作。这一幕正巧被松下幸之助看到，松下不但没有赞扬中尾的勤恳工作，反而严厉地指出了中尾工作的失职："你是我非常看重的研究型人才，可是你的管理能力实在是让我太失望了。现在公司对于小马达这一部分的投资力度很大，任务也很艰巨。可是即便是你没日没夜地自己研究，也不可能完成这么多的任务啊！你的职责不仅是自己努力工作，更需要帮助公司培养一批像你一样优秀的人才！"

中尾听到这番话，若有所思地点点头。

松下幸之助十分看重员工的思维和行为能力的双重培养，也正是因为他的这种培养方式和方法，使公司发掘了一大批优秀人才。在大家的共同努力下，最终将松下公司推向了世界舞台。

选择公司时，我们不妨试着寻找像松下这样用心培养员工综合能力的公司。思维和行为的协调培养，才有利于员工的整体发展。

面对职场选择的十字路口时，员工应该认真分析自己的定位。如果你是职场新人，就要选择一个好的公司，因为它可以为你提供扎实的学习平台，带给你很多机会。如果你已经在行业内小有成就，就应该选择好公司、好领导，只有这样才能让你获得展翅高飞的更多助力。

事业成功与否，关键就在于我们是否能够进入一个好公司，是否能够足够幸运地结识一个好老板。这不仅关系到自身的工作效率，从长远来说更是一种潜在投资。以好公司为晋升平台，以好老板为恩师榜样，你才会在追逐成功的道路上飞翔得更加轻盈和欢畅！

 思 考

1. 玛氏和中尾的故事分别给你带来哪些启示？

2. 你认为你的老板身上最能打动你的一个特点是什么？

Chapter²

帮老板就是帮自己：

你一定要懂的几条职场法则

提到"老板",你想到了什么

> 说起老板,人们脑海中会涌现出各种各样的注解。老板对我们的职业、生活到底意味着什么?

你知道"老板"一词源于何处吗?

十七世纪初期,荷兰东印度公司的殖民主义者在纽约建造了贸易站。当时他们以极其低廉的价格买到了广袤的土地,然后再转手倒卖给具有采地权的地主。

为了赚取更大的利益,一部分荷兰殖民主义者选择在纽约定居。他们在当地建造房屋、农场,进行一系列的经营活动,甚至开展贸易商业。

在这些商业活动中,领队的人被荷兰人叫作"户主",这个称呼后来用来代指"监工",或者是"监督工人徒弟的师傅"。可是人们逐渐发觉这样的名称叫起来很麻烦,于是大家讨论将名称改为"老板"。很快,这个简洁的名称在美国传播起来,逐渐被越来越多的人群认同和使用。

而中国的"老板"一词,是源于京剧中的一个名词。当时,京剧行当中有很多名气和派头比较大的演员都被称作是"老板"。这些知名的演员由于赚的钱多,积累了一定的财富,于是便在外面经营自己的店铺或买卖,后来人们就叫这些做生意的商人为"老板"。

现代社会中,每个人对于老板都有着不同的印象和解释。很多人都认为老板就是自己的领导，是"老是板着脸"给自己发工资的人。老板给人们的印象大多是重视利益，善于经营管理的代表人物。在一些员工的眼中，老板有时就像是"敌人"，好像总是对下属完成的任务不满意，多以压榨下属为乐事。

在纷繁复杂的职场中，我们到底应该将老板看作是什么样的角色呢？

在现代管理学中，老板和员工之间其实存在一种和谐统一的关系。老板需要能力和责任心俱佳的员工为自己的公司贡献能量，而员工需要依赖老板提供的职业平台来收获薪水和提高综合素质。

根据社会学原理分析，社会上80%的财富和资源掌握在20%的人手里，而其余20%的财富和资源掌握在80%的人手中。在占有多数资源的那20%的人中，老板占据了很大的比例。从群体性来说，占据了如此多分量社会资源的老板，对于社会的影响是巨大的。

因此，掌握了社会中众多优质资源的老板应该是员工职场生涯中重要的学习榜样。但其实很多员工身上也具有老板能够学习到的众多品质。从长远来看，职场中老板和员工之间应该是一种相互学习的关系。

曾经，美国作战部长爱德华·史丹顿称林肯为"一个笨蛋"，原因是因为林肯为了取悦一个口碑极差的政客而签署了一项命令，需要史丹顿调动部分军队来配合。史丹顿拒不执行林肯的命令，而且大发雷霆。

史丹顿的抱怨传到了林肯的耳朵里，林肯平静地说道："如果史丹顿说我是个笨蛋，那么我就一定是了。因为他这个人几乎不会轻易出错，看来我需要亲自去看看是怎么回事儿。"于是，林肯约见了史丹顿，两人坦诚倾谈，林肯认识到了自己发布这一命令的错误所在，很快他便纠正了之前的错误行为，收回了命令。

身边的每个人都是你的老师，所谓"三人行，必有我师焉。"说的就是这个道理。工作中老板的指责、赞扬，甚至是误解，员工都应该引起重视。他们既然称之为老板、上司，必然在业务、能力、阅历等方面有优于你的长处所在。或许老板没有你的学历高，或许没有你在某一专业上面的能力强，但是他的商业经营能力、情商等都应该是员工学习和认真思考的方面。

在工作中员工需要在好老板身上萃取精华，在学习中提升自己的能力。

"轻型商用喷气机之父"比尔·利尔先后四次面对资产破产风暴的侵袭而屹立不倒；"披萨饼之王"汤姆·莫纳汉多次面临资金危机，却最终建立了自己的商业王国；亨利·福特面对职场挑战，最后以 T 型汽车华丽转身……老板们身上不惧风险、积极进取、自信坚定的精神和气质让他们在职场上释放出不同的魅力。如果我们想要达到心中的力量高度，更应该学习这些独特品质。

在工作中倾情奉献，在以老板为学习榜样的过程中不断提升自己的能力，让自己变得与众不同。这样的员工才能满足企业和老板的要求，并获得老板的赞许和信任，自然也就可以在职场上如鱼得水，获得双赢。

> **思 考**
>
> 1. 说起老板你想到了什么？
> 2. 你认为你的老板是一位合格的职场导师吗？请举例说明。

每个好老板都曾经是优秀的员工

> 我们在羡慕老板们潇洒人生的同时，更应看到他们努力拼搏的过往。好老板身上具备优秀员工的品质，更具有高瞻远瞩的目光，从下属变成老板，他们付出的艰辛汗水是低调而又夺目的。

每个员工几乎都会羡慕老板的身份和地位，甚至还会梦想自己有朝一日也能够成为老板。因为当老板之后，不再需要在上司给予的重压之下工作，甚至可以轻轻松松地坐在办公室里随意安排工作计划。事实果真如此吗？绝对不是这样！

老板之所以能成为老板，也是由员工一步步修炼而成的。老板在努力工作的过程中，所承受的压力和考验，是远远超出我们的想象的。

现任长江实业（集团）有限公司的总裁李嘉诚，被人们称为是"超人"。因为他在别人眼中仿佛就是"超人"一般，投资什么行业什么行业就赚钱，即便是在金融危机中他也能顺利地渡过难关。纵观李嘉诚的奋斗史，其实出身平凡的他，是从一个小小业务员发展起来的。但是这个小业务员可不一般，他总是能在充分收集客户资料的基础上进行系统分析，从而有针对性地去拜访客户。这套不同于一般业务员的工作方法，让他很快在工作中崭露头角。

还是员工的李嘉诚在工作中总是善于开动脑筋，探索新思路、新办法。

因此很多客户都和他保持了良好而长久的伙伴关系。面对很多业务员头疼的客户纠纷问题，李嘉诚能够冷静分析，然后沉着应对。善于思考的李嘉诚在工作之外投入了很多精力，不久之后，他便在公司所有业务员中脱颖而出，成为年轻的部门经理。后来经过层层选拔，他一步步走上了总经理的位置。

老板们大多都是凭借坚持不懈的努力才实现了傲视职场的转变。也正因为他们付出了比其他员工更多的努力和精力，才赢得了别人的尊重，甚至是羡慕的眼光。

与李嘉诚一样，中国电子商务网站的开拓者——马云在创业初期，始终都以一种积极向上的阳光心态面对职场挑战。

经历了三次高考失败的马云在大学毕业后成为了杭州电子工业学院的一名英语教师。二十世纪末，马云和朋友成立了一家名为"海博"的翻译社，结果开业第一个月就面临入不敷出的困境。但是马云毫不动摇自己的理想，他坚定地认为，一个真正想要成功的人，就不应该计较眼前的"蝇头小利"，一定要把眼光放长远才能赚到"大钱"。

1994年年底，"互联网"一词开始进入中国民众的视线。具有锐利商业眼光的马云隐隐感觉到，互联网将会改变中国的面貌，在世界掀起一阵新型的商业风暴。

彼时，刚过完30岁生日的马云已经是杭州十大杰出青年教师之一，校长也十分重视他这个优秀的人才。但是为了追求自己的事业理想，马云毫不犹豫地放弃了在学校的一切，选择下海经商。经过一番艰苦的努力，最终建立了阿里巴巴商业帝国。

综上所述不难发现，这些老板之所以能成为老板，是因为他们原本就是从优秀员工一步步蜕变的。他们身上闪光的不仅仅是功成名就的成绩，还有其他人不具备的品质。总结如下：

（1）善于思考

要想把自己的工作做好，就应该始终保持开动脑筋的状态，通过运用头脑风暴的能量更加有效地解决问题。每一个好老板在普通员工时期，无一不是善于动脑的人，在激发自己潜能的实践中丰富着自身的综合能力。

（2）谦虚好学

成功人士往往都具有较强的学习意识和学习能动性。或许他们没有接受过完备的高等教育，但是他们在生活、工作中从来没有停下学习的步伐。他们学而不辍，最终在社会中确立了自己的地位。

（3）责任心强

好老板在工作中敢于、善于担当重任，对于自己的工作具有强烈的责任心，这也是优秀员工应该具备的素质之一。英国哲学家培根曾说："人在一生中最重要的才能，首先是无所畏惧，其次是无所畏惧，最后还是无所畏惧。"只有敢于承担责任的人，才会真正透析三思而后行的意义。

那些优秀的老板行事果断但是不鲁莽，在承担责任的勇气中为自己打开了事业发展中的重重枷锁。

（4）坚持不懈

很多人或许在天赋方面相差无几，但是遇到苦难时，只有那一部分选择坚持的人才能走到最后，看到最绚丽的风景。坚持和放弃之间只是一念之差，却能造就两种截然不同的人生。持之以恒，坚持不懈是那些从优秀员工最终转变为老板的人身上最耀眼的品质和魅力所在。

在羡慕老板们潇洒人生的同时，更应看到他们努力拼搏的过往。他们具备优秀员工的品质，具有高瞻远瞩的目光，从下属变成老板，他们付出的艰辛汗水是低调而又夺目的。

如果现在你只是一个普通员工，不妨从那些曾经是优秀员工的老板身上汲取力量，或许下一个实现完美蜕变的人就是你。

▶▶▶ | 思 考 |

1. 李嘉诚和马云的故事分别给你带来哪些启示？

2. 客观分析一下自己是否具备成为老板的优秀品质。

老板有多好，企业就有多好

> 如果说员工是企业的基座，那么老板就是基座中那根最关键的支柱。老板决定了企业前进的方向以及员工未来展望的动力，是企业前行中披荆斩棘的利器。

万科创始人王石曾提出了一个著名的观点：利润超过 25% 的事情，万科坚决不做。在王石看来，利润超过 25% 是一种不健康的经营暴利。因为只有对员工进行公平性的回报，才能把握住市场化的走向。万科曾经有一位总经理，初被聘任至公司时，其薪水比集团总经理还要高。王石认为这位总经理的高薪是其"物有所值"，重视人才是万科一条重要的发展原则。

此外，万科还规定：要想应聘员工，应该遵守避亲的原则。应聘者需如实申报在万科的亲属。这么做是为了保证每一名在万科的员工都有平等的发展机会。

在王石的带领下，万科不仅建造了一支优秀的人才队伍，而且创造了很多行业内的商业奇迹。

万科集团曾经邀请第三方机构对员工进行满意度调查。其中当被问到为什么员工愿意留在万科工作时，八成以上的员工都表示看重了万科的发展平台和机会。

员工在万科工作时，得益于老板王石的开明，既开阔了视野，也丰富了他们的人生阅历。这样的锻炼机会和过程，即便是在未来的人生发展中，也会对他们起到重要的作用和影响。

王石是众多优秀企业老板的代表。很多像他一样优秀的老板为员工带来了数不尽的"精神财富"。超群的领导艺术，不仅有利于企业赢得胜利，也决定了员工们的良性发展。

优秀的老板像是一块磁石，吸引着众多人才团结在企业内部。老板通过自己的言行，无形之中令员工对其产生了敬意，从而引导着员工的职业表现。员工们会以老板为榜样，遇到困难的任务时，不会盲目决定或者自作主张。而是能够在团队舒适的工作氛围中，较为出色地解决问题，提升了自己的工作能力和水平。

麦克斯威尔先生通过观察商业中很多成功的企业领袖，归纳出了那些优秀老板之所以决定着企业成败的共同点：

（1）优秀的老板都具有强烈的目标

优秀的老板都具有强烈的目标，他们明确知道自己的奋斗方向是什么，自己需要通过什么样的努力可以达成目标。这种目的性决定了其行动的基础，很大程度上也决定了企业的发展方向，引导了员工的努力方向。

（2）优秀老板都是不断进取的楷模

优秀的老板在要求下属不断学习的同时，自己会以身作则，为员工做好榜样。此外，他们还会在与员工相处的过程中提升自己的管理、协调、领导能力。

（3）十分乐意提携下属，帮助他们提升和进步

优秀的老板们具有让下属成长的能力和胸怀。在优秀老板的带领下，员工将会获得提升自我以及展示自我的机会。

（4）拥有长远的眼光

一些老板总是纠结于眼前的"蝇头小利"，很难打开企业经营的新局面，也不利于激发员工的创造力和积极性。而优秀的老板能够放眼纵观商业发展机遇，为自己和企业打造更加出色的平台。

即使某一阶段中，自己不能享受到满意的待遇，但是他们总能在很短的时间内实现翻盘，对于企业的领导能够做到收放自如。

正如海尔集团的张瑞敏、美国西南航空的赫布·布莱赫、微软的比尔·盖茨、通用电气的杰克·韦尔奇等，他们身为企业的领导者，为企业和品牌提供了超额的附加值，不仅赋予企业文化以独特的魅力，更以自身影响力赋予了企业员工职场奋斗的希望，带领企业共同走向了光明的未来。

成功的企业家能够把握企业经营中最宝贵的人力资源，并将这种资源看作是现代企业管理的核心。只有在具有这种发展思想老板的带领下，员工才能在市场竞争中与企业共同走向兴盛。

假如一个企业的领导者能力不精，不坚守商业经营信条，不将员工的利益放在首位，那么就会引起人才的流失。企业内部成为一个空壳之后，必将失去正常的行动力，使企业在商业竞争中陷入困窘之地。因此老板对于企业和员工来说都是至关重要的角色。

老板是企业战略的制定者，他决定着企业的未来形象；老板是企业品质的决定者，他的行为决策关系到企业品牌经营的好与坏；老板是员工们的重要职场导师，他决定着员工最终能否出彩。

作为职场人，都应该为自己慎重地挑选一位老板，因为这关乎到你人生中一段最重要的人生历练过程，他决定着你是否能在职场中学得充实，赢得漂亮！

有管理学家曾提出，老板应该承担企业兴衰成败的百分之百责任。在现实生活中，如果没有任正非，就没有华为的创举，中国的电信革命不会发展这么迅速，人们不会享受如此方便的电话业务；如果没有柳传志，就没有联想的开创性举措，人们就不会享受到平价电脑带来的便捷生活。老板对于企业、行业的影响力之大，或许连最初开创事业的他们都没有想到。

 思 考

1. 你赞同"老板决定企业成败"这一观点吗？为什么？

2. 如果你是老板，你会如何管理企业？

想要笑傲职场，先找准职场"终极导师"

> "终极导师"需要员工去用心把握。从细节着手，跟着导师学习工作中应对困难，甚至是刁难性问题的方式和方法；从大局审视，跟着导师锻炼自己掌控工作整体情况的能力；多角度切入，从导师身上体会运用不同角度观察问题的奥妙之处。当员工跟终极导师接触逐步增多，取得长足的进步之后，在职场中员工才能获得属于自己的成功。

Amy 是一家演艺公司入职不久的新晋员工。在工作之余，她经常能听到同事们的抱怨：

"当老板最轻松了，可是为什么总剥削我们这些可怜人？"

"部门主任又让我们重新做版面，好辛苦啊。"

"为什么他只用动动嘴，我们就要熬几个通宵完成任务！"

"以后要是我当了老板，我肯定不会这么做。"

每个人都对自己的老板和上司积攒了很多怨气，这让 Amy 不禁疑惑，是什么原因让他们对自己的上司和老板如此不满呢？其实，员工之所以对公司领导者有诸多抱怨，有时并不是因为领导者提出的任务要求有多么不合理，而是因为员工无法理解领导之位所担负的责任和职责。每个员工应该抱着向领导学习的态度，而非像刺猬一样时刻警惕着老板施加给我们的工作任务。

企业中，再优秀的大老板也不可能与每一个员工产生工作上的交集；不可能亲自下一线，与每一个员工进行交流。而员工们接触最多的除了同事，就是自己的直接上层领导。他们直接带领员工熟悉和了解职责范围，让员工在实际操作中掌握最有效的工作方法，并通常会亲自做出示范。

上层领导不像大老板一样，需要掌控企业全局，因而他有专门的精力去负责一项任务，或带领自己部门的员工创造最好的业绩。在这样的工作中，员工收获的是最具专业性和独特性的工作技能，能够量体裁衣般地提升自己的综合能力。

作为终极导师，上层领导身上有很多的品质值得员工去学习。他们在员工可以看得到的地方做出模范榜样，让员工在模仿的过程中学习。在此打下的工作能力之根基，是每一个员工真正可以受用终身的财富。

华为公司的很多部门领导平时会和员工们保持良好的互动，在平日的工作中以身作则。有时因为工作加班，部门领导会和员工一起吃饭，一起为了完成任务而努力，这样实际拉近了领导与员工之间的距离。员工在平时会主动向上层领导学习，将主要精力都投放到工作上，甚至在吃饭、休息、聚会的时候，员工们都会时常聊起与公司有关的事情，公司文化已经深深扎根于每一个员工的内心。

对于员工来说，上层领导就是他们努力的方向，承载着他们找到属于自己的成功之路的希望。领导雷厉风行的工作风格，或者赏罚分明的工作原则，抑或是平易近人、认真谨慎的生活、工作态度，都是值得员工学习的过人之处。员工应该充分调动自己发现和发展的细胞，从领导身上学习自己还未具备的特质。

但需要注意的是，即便是终极导师，也不能手把手地教会员工一切，要想从导师身上汲取更多的养分，需要员工怀抱一颗感恩和谦卑的心。员工需要经常自我反省，敢于自我批评，才会获得长远的进步。

碰到问题时，员工应该经常自问这样几个问题：如果需要我去解决，我应该怎么做？我的领导会怎么做？为什么领导会这样考虑？清醒的头脑和学习的自觉性，能够让员工们在与自己的终极导师相处的过程中得到更快的能力提升。

方杰是杭州奥普电器有限公司的董事长，他也是不断向上层领导学习，最后实现成功转身的优秀代表。

早年方杰曾经在澳大利亚留学，求学期间他还在澳大利亚最大的灯具公司"LIGHT UP"打工。他明确地认识到自己身上存在很多不足，并希望自己能够尽快地得到业务能力上的锻炼和提升，而他的上层领导正巧就是一个谈判业务上的高手。

于是，方杰决定抓住每一次工作机会去主动学习。每当他和领导进行商业谈判的时候，他都会刻意在口袋中装一个微型录音机，就是为了将领导在谈判中的内容记录下来，便于回家之后反复揣摩和学习。在坚持不懈的努力中，他很快掌握了领导分析问题、解决问题时很多重要的方法和技巧。

几年之后，方杰也成为了一位谈判高手，并且顺利地接任了领导让出来的职位。大学毕业时，他已经成为了澳大利亚首屈一指的职业经理人，这也是他后来回国创业的职场基础。

员工的"终极导师"——上层领导是员工每天接触最多且职业技能比自己优秀的人之一。在终极导师的"培训"中，员工要转变思维方式，以一种更成熟、更专业的视角去面对自己的工作，认识到自己应该在工作中施展的方式和方法。相反，如果员工不珍惜与上层领导学习的机会，最终会变成一个没有"心"的员工，企业的命运和发展也与其无关，职业上的晋升就真的成为天方夜谭了。

"终极导师"需要员工去用心把握。从细节着手，跟着导师学习工作中应对困难，甚至是刁难性问题的方式和方法；从大局审视，跟着导师锻炼自己掌控工作整体情况的能力；多角度切入，从导师身上体会运用不同角度观察问题的奥妙之处。当员工跟终极导师接触逐步增多，取得长足的进步之后，在职场中的员工才能获得属于自己的成功。

 思 考

1. 方杰的故事给你带来哪些启示？

2. 谈谈你的"终极导师"，他（她）对你最大的帮助是什么？

学老板闪光之处，做优秀的员工

> 老板身上蕴含的多方面能力是职场中不可忽视的力量，会为员工创造如润物细无声般的作用力。从那些看似低调的"力量"上汲取营养与阳光，员工的职场生涯会雾霾尽消，职场道路也会充满阳光。

曾国藩曾经将领导力定义为影响力。在他看来，领导者的言行对于其队伍中的每一个人都具有深远的作用力。作为军队的负责人，他身上的影响力可以帮助士兵们极尽所能地去完成任务，实现目标。

置之于现代社会，企业老板们凭借自己的本事和能力，在经济市场中求生存，带领企业走向成功，实现自己的商业梦想。在这个过程中，每当老板们面临挑战，应对困难时，所表现出的淡然和成熟，都会被员工看在眼里，记在心上。也许哪一天员工发现自己所做出决定的风格似曾相识，这就是老板的品质和能力已经被员工受用的最好证明。

与其崇拜或者学习那些与我们距离遥远的其他人，不如就选择学习身边可以接触到的老板。聪明的员工在和老板接触中，不是生搬硬套地模仿，而是加以思考地以心向学，试图找到老板成功的秘诀，抓取老板身上的闪光点。假以时日地努力之后，员工的能力自然会获得明显的提升。

皮尔·卡丹信奉这样的工作原则：工作使我愉快，休息使我烦恼。试想一下，一个在公司内，总是以饱满的情绪对待工作和身边同事、员工的老板，怎能不令关注他的下属们受到激励呢？即便是没有与皮尔·卡丹直接接触过，我们也可以想象到，在皮尔·卡丹的企业内部，少见的是拖沓、懒惰的员工，常见的是脚下生风，待人处事积极乐观，对待工作认真负责的员工。

老板不仅是一个符号和一种身份，而且是职场中的一种软文化力量。日本著名的企业家井植薰就常常以身作则，去带动身边的员工积极工作，乐观地面对生活。他经常对员工们说道："我只要求一般的员工工作八小时就足够了。这意味着，他们只需要在上班时间内考虑工作就可以。下班后，一旦跨出公司大门，他们想干什么就可以干什么。但是，我也会对他们这样说，如果你仅仅满足于这样的生活，思想上没有充足的准备干16个小时，或者有其他积极的念头，那么你一辈子可能永远只是个普通的员工。"

在企业的发展中，老板的敬业、热情、负责、工作技巧等方面都是员工学习的方向。随时随地向老板学习，可以使员工对待工作时更加得心应手，从而更好地完成工作任务。但是，如果你的眼中只能看得到工作和任务，没有善于发现的主动性，那么你就会与这种无形的影响力和价值失之交臂。

除了珍视这种领导力量之外，员工在职场中还需要提高自我情绪的管理能力。这是自我情绪管理的一条重要法则，也是员工能够真正从领导力中汲取营养的基础。自我情绪的管理，对于每一个职场人来说，也是不可忽视的力量之一。

具体来说，就是在工作中要掌握调节和控制负面情绪的方法，这样才能逐步完善自我，走向成功。谁都会有消极情绪的时候，尤其是职场中人经常面对巨大的压力。当个人负面情绪达到顶峰的时候，不仅会给自己的工作带来不利，也会在无意之间伤害到周边的人，更别谈以乐观的心态向身边人进行学习了。

心理学研究表明，压抑的情绪积累到一定程度时，往往会爆发出更具破坏性的力量。面对挫折，有人会浮躁，有人会产生恐惧的情绪，有人会心生怨念……负面情绪可以严重地影响和阻碍我们的职场生涯。只有当你调节好自己的情绪，才能更好地在工作中发挥自己的能力，跟随老板和企业共同成长。

首先，你需要改变思维方式，这与情绪管理密切相关。只有以积极的思维方式看待问题、解决问题，才能迅速将消极情绪转化为积极情绪，从而达到有效的工作效果。其次，你应该学会将情绪转移，也就是要有意识地将不良情绪转移和疏导，如通过文化娱乐活动、体育活动等，释放内心的压力和负能量。

此外，理性控制情绪也是一种有效的途径。有的人在工作中遇到一点不如意的事情就暴跳如雷，老板布置的任务一旦不符合期望就会情绪暴躁，这样既是职场中情商匮乏的表现，也不利于员工发现老板领导力的魅力价值。

理性地控制情绪，可以很好地制止和约束不良情绪的发生和失控。面对不如意的事情时，职场中每个人都应该学会自我暗示，比如通过语言、思想等，从而达到自我情绪管理的效果。

当员工的情绪被负能量包裹，应该及时地给予自己冷静的心理暗示，冷静地分析问题，这样才可以达到管理自我情绪的效果。

老板身上蕴含的多方面能力是职场中不可忽视的力量，会为员工创造如润物细无声般的作用力。从那些看似低调的"力量"身上汲取营养与阳光，员工的职场生涯会雾霾尽消，职场道路也会充满阳光。

▶▶▶ ┃ 思 考 ┃

1. 你认为向老板学习可以提高你哪些能力？

2. 你如何理解老板的影响力？

帮助老板成功，就是帮助你自己成功

> 比尔·盖茨曾对一位采访者说："微软一向喜欢招聘聪明的人加入团队之中，因为这些比我们更加优秀的人，可以帮助公司取得更大的成功。"员工入职一家企业，就应该将自己与企业紧紧捆绑在一起，学会主动工作，多做那些"分外事"。如此一来，既帮助了老板，也提升了自己。

如今的时代，每个人的成功都不是一件可以独立完成的事情。员工的成功同样也需要建立在企业、团队的成功之上。公司的利益发展为员工带来丰厚的报酬，实现着个人成功与企业成功的协调发展。企业的成功不仅代表着老板的成功，也展示着员工的成功。一旦进入公司，加入这个团队，员工与老板之间就存在着一种"一荣俱荣，一损俱损"的关系了。

没有老板的成功，员工的薪资待遇也无从得到保障。因此员工除了在日常工作中完成自己的任务，锻造自己的能力，还应该处处与公司的发展方向保持一致，只有与公司保持着一致步调，才能实现自己的职场价值。

赛蒙是国际金融企业中的一位总经理助理。他平时的工作主要是，根据老板布置的任务，进行项目资料的筹备。有一次，在汇总项目资料时，他发现老板在一条项目条款中疏漏了一个指标数据。于是他立即上报总经理，指出了这个问题。

总经理审核后十分感谢他的提醒，本来不属于赛蒙职责范围内的任务，由于赛蒙的提醒，使公司避免了一项巨额损失。第二天，项目顺利签约，赛蒙也因此受到了总经理的嘉奖。三个月后，赛蒙被升任至部门组长，薪水也提升了百分之六十。

任何一个老板在工作中总会遇到各式各样的问题，甚至由于工作的繁忙，会疏漏一些重要的问题。如果员工都抱着事不关己的态度，那影响的不仅仅是老板的工作，更会影响公司的发展走向及员工的未来发展。

这就需要我们在面对问题时，勇敢地站出来。不要总担心自己的付出是否会有回报，你要抱着一种良好的工作心态，乐观积极地付出，这样才会得到相应的报酬。

程树前几天因为迟到被扣了一个月的奖金，他因此对领导怀恨在心，满腔的愤怒总想找个机会发泄一下。一天，他和领导被总公司安排一起接待一个来自外国的客户，领导将接待时间记错了，而程树发觉后却故意没有提醒他。当客户早早地来到机场，无奈只能空等了两个小时。这件事令客户之后没有顺利地与公司签约，程树却感到一阵狂喜，认为自己终于报复成功了。

其实，程树不是报复了领导，而是报复了自己的事业。他将领导放到自己的对立面，没有意识到自己的利益和领导的利益是相互连接的。

企业的发展不可能一帆风顺，老板也不可能在工作中表现得完美无缺。一个有责任心的员工应该能够在老板需要的时候挺身而出，且毫不迟疑地伸出援手，为老板分担风险。如此一来，同事也会敬佩你，老板的重任和器重自然也是水到渠成的事情。而那些将自己置于企业对立面的员工，永远也不能成为企业发展的核心力量。

除了主动帮助领导工作外，一个优秀的员工还应该具有以下工作意识：

（1）不要在他人面前随意地抒发对领导的不满

如果员工与领导间产生了分歧或冲突，可以找准机会，私下和领导进行沟通。千万不要随意在他人面前抒发对领导的不满，以免"坏话"传入领导耳中反而加深矛盾。

（2）要和领导的发展目标保持一致

如果员工对目前的工作计划有疑问甚至是反对意见，应该在完成自己本职工作的前提下，向领导真诚地提出意见和建议。有时领导是从大局来掌控发展方向，很多工作细节难以照顾到，如果员工的意见真的有价值，一定会被领导采纳。

（3）认真执行领导的决策

作为下属，做好本职工作的态度是事业发展中很重要的一环，员工需要培养自己的执行能力，细化和落实领导的决策。尽量在完成决策的同时，以适当的方式提出自己的见解，并优化领导的决策，促使工作完成得更加完美。

（4）学会赞扬领导

领导也是普通人，也需要鼓励和支持。有时候员工的一句赞扬，可以让领导感到员工与他共同奋进的坚定，从而赢得领导的信任。

员工入职一家企业，就应该将自己与企业紧紧捆绑在一起，学会主动工作，多做那些自己"分外"的事。如此一来，既帮助了老板，也帮助了自己。谁都想尽快晋升，平步青云，那你就应该常常自省反问："我今天主动工作了吗？"养成了主动工作的意识，才能让自己的职业之路越拓越宽。

 思 考

1. 赛蒙和程树的故事分别给你带来哪些启示？

2. 如果你的老板"犯错"了，你会怎么做？

欲向老板借力，先会推销自己

> 很多人才华横溢，却在企业内迟迟未能崭露头角；有些人工作踏实勤奋，却始终得不到领导的赏识；有些人创意颇多，却未能找到充分展示自己的机会。于是他们开始怀疑自己，开始感叹职场的不公平。其实，并不是这些员工不优秀，而是因为他们不会推销自己，不会向老板借力。

古人曰："得人之力者无敌于天下也；得人之智者无畏于圣人也。"一个人即便再聪慧，也不可能是完美无缺的，总有其所长与所短之处。但是如果员工善于在职场中借老板之力，懂得如何取得老板给予的最佳发展平台，那么员工会少走很多弯路。

向老板借力，并不是一件轻而易举之事，员工要掌握向老板推销自己，获得关注的技巧，否则很容易弄巧成拙。美国著名的人际关系学名家戴尔·卡耐基曾经说："生活就像是一系列的推销，我们可以推销商品，推销某一项计划，当然也可以推销自己……"职场的奋斗过程就是一连串的发现与被发现的过程。老板精力有限，不可能对每一个员工都照顾有加，为每个员工提供最适合他的发展机遇，想要在众多的同事中脱颖而出，就需要你善于推销和展示自己。

很多人才华横溢，却在企业内迟迟未能崭露头角；有些人工作踏实勤奋，却始终得不到领导的赏识；有些人创意颇多，却未能找到充分展示自己的机会。他们开始怀疑自己，开始感叹职场的不公平。其实，并不是这些员工不优秀，而是因为他们不会推销自己，不会向老板借力。

很多人害怕丢面子，害怕拒绝，在领导面前总是扭扭捏捏，甚至都不敢直视领导的双眼。他们担心一旦向老板"主动推销自己"，别人就会以异样的眼光看待自己，内心的胆怯让很多机会从指缝中悄然溜走。其实大可不必有这种顾虑，员工主动向老板推销自己，不仅能够获得被老板赏识的机会，还是自信心强的一种体现。那么，员工该如何恰当地向老板推销自己呢？

1. 可采用书信、短信、邮件甚至是纸条的形式向老板直接表明自己的观点，让他们对你的诉求有一个明确的了解。

2. 可以私下备足功课，趁老板参加完一个会议，或是刚上班走向办公室的间歇路上，与他自然"偶遇"。将自己的想法和观点以最简练的语言表达出来，让他对你留下深刻的印象。

3. 员工可以拿着计划书、样品等直接向老板展示，给他以视觉的冲击，同时适当地进行说明，让自己的诉求更具有说服力。

职场中的很多人都不善于主动向老板推销、展示自己。他们秉承着"金子永远会发光、酒香不怕巷子深"的职场态度，然而我想说的是，"酒香不怕巷子深"也要分情况。千人之多的公司之内，巷子太深，你再美的"酒酿"也难得到领导的一瞥。因此要学会适当地展示自己的能力，让领导发现自己，了解自己，才能有更好的出路。我们每时每刻都要做好充足的准备，以最佳的姿态面对他人，这是一种职场敏感性和专业性的表现。

但需要注意的是，在推销自己的时候再加上合理的邀功主动性，那么向老板借力将不再是一件困难的事情。

老板们总是喜欢能力强、思维缜密的下属。如果员工每次汇报的内容都很粗糙，甚至是牛头不对马嘴，那么在老板心目中的形象将难再树立。合理地邀功，也是员工向老板推销自己的重要举措之一，员工可以根据以下步骤去实施：

（1）结论有冲击力型汇报

老板的时间总是有限和紧张的，员工向老板汇报工作时，应该直接将工作结果告诉他。告诉老板最关心的事情，这才能引起老板充分的关注。在销售领域，有人将这个方法称作是"利益销售法"。

（2）精练汇报思路

在时间允许的情况下，员工可以考虑进一步对工作进行汇报和说明。但需要注意的是，员工将思路精练，讲清楚工作思路和过程即可。以免逻辑混乱，给老板造成赘述的印象。同时员工应该注意适当地感谢他人对其完成任务过程中的帮助，给老板留下一个知恩图报的良好形象。并在汇报最后点出自己今后的努力方向，不仅是老板，就连其他的旁听人员也会感觉这样的员工是一个顾全大局，考虑事情周全的优秀员工。

（3）书面报告多用心

如果员工采用书面报告的形式向老板汇报工作，需要注意下笔要谨慎、简洁，结尾处自己的姓名一定不要忘记，否则很有可能是为别人做了"嫁衣"。

（4）有意识地让同事们察觉你的闪光点

向老板借力，如果能得到同事们的支持而非阻碍，将为你增添更多的助力。因此在将你的汇报文件向老板展示之后，你还有必要将某一件事的处理结果及过程告知自己的同事，既让他们了解你的工作和成绩，也为自己制造了"支持你"的舆论氛围。可以避免以后遇到关键时刻，同事们认为你是一事无成，凭借运气才取得的成绩。有了同事们的支持，老板自然会给你更大的认可，鼓励和奖励。一个优秀的员工，在老板那里借力又怎么会是一件难事呢？

老板手中掌握了无数的人脉和资源，得到老板的支持可以让员工在企业内部开展工作时更加顺利。向老板借力不是费尽心机的计划，而是一种要融贯到员工日常工作中的意识。有了借力的意识，才能有得力的机会。

老板永远是员工最好的职场导师和领航者！借力于老板是员工将来自己在航线中自如面对挑战的最佳方式。

▶ 思 考

1. 你有过向老板借力的经历吗？结果如何？

2. 你在日常工作中有过借力意识吗？

找准好老板，只忠诚于他

在球场上，运动员们有自己的角色安排和任务规定，一旦越位或者错位，就很容易使原本设定好的格局发生变化，球员们就此失去了比赛秩序，球赛可能也会因此而被迫中止。同理，职场中也有特定的角色定位，员工要遵循职场规则，尤其是职场新人，更要明晰你的老板只有一个。要对自己的老板忠诚，认清禁忌，才能一步步走向成功。

职场畅销小说《杜拉拉升职记》中，杜拉拉有一个名叫帕米拉的下属。杜拉拉对于帕米拉的工作能力很赞赏，但是帕米拉在工作中时常表现出的一种自我优越感，让杜拉拉感到十分头疼。为了团队士气，以及工作的顺利开展，杜拉拉并没有深究帕米拉的"坏毛病"。直到有一天，触碰她底线的事情发生了——一个团队任务完成后，帕米拉直接跨过杜拉拉向公司大老板越级邀功。杜拉拉终于无法忍受，于是她找了个借口将帕米拉辞退了。

在球场上，运动员们有自己的角色安排和任务规定，一旦越位或者错位，就很容易使原本设定好的格局发生变化，球员们就此失去了比赛秩序，球赛可能也会因此而被迫中止。

同理，在职场中忽略自己的上级领导，同样是一件很可怕的事情。任何人都有自己的角色定位，在职场就要遵循规则。尤其是职场新人，更要明晰你的老板只有一个。要对自己的老板忠诚，认清禁忌，才能一步步走向成功。

柳传志打造联想帝国的过程中，非常重视对年轻人的提拔和任用，这也是后来联想成功发展的重要经验之一。但是在创业初期，很多年轻人由于在公司受到重用而有恃无恐，甚至试图挑战领导的权威，这令柳传志不能接受。

孙宏斌曾经是柳传志"接班人计划"的重要管理者，柳传志给予他很多重要的经营任务。但在一次偶然的机会下，柳传志发觉孙宏斌领导的企业内部创办了一份企业部机关报。原来这只是企业部的一份常规宣传媒介，但是柳传志发觉孙宏斌在机关报中宣布的章程几乎是触犯了企业领导权。于是，柳传志在公开会议上制止并批评了这种行为。柳传志认为，一个企业的领导权和计划是不可随意触动的，即便是再优秀的员工，也要认清楚自己的老板只有一个。

如果说专业技能是一个员工立足于企业的基本，那么忠诚便是员工身上最重要的魅力品质，是老板是否信赖他的基本判断因素。

孟军是一家医药器材销售公司的职员，他在平日的工作中兢兢业业，部门主任也很器重这个年轻、干练的小伙子。

一天，另一个部门的主任托人找到孟军，希望能够通过给予孟军一定报酬的方式，获得孟军所在部门主任的一项新计划项目书。孟军断然拒绝了他的要求，他的理由是自己得到部门主任的很多照顾，应该忠诚于"直接老板"。

一年后，公司内部几个部门实施整合，孟军一直忠诚跟随的"直接老板"，成为了新组合而成的部门总经理，还任命孟军任副总经理。二人携手接管了公司最大的新部门，共同实现了职场新翻身。

如果不是在关键时刻表现出了对于老板的忠诚，孟军是无法在日后受到老板重用的。所以有时候并不是多么出色的成绩才能赢得"翻盘"，忠诚也可以带领员工冲出重围，获得新生，赢得机会。

忠诚是职场中一项重要的美德，忠诚于老板的员工会尽心尽力做好每一件力所能及的事情，在关键时刻会挺身而出，与老板同舟共济。那么，一个忠诚的员工应该具有哪些表现呢？

（1）认同老板的事业发展规划和企业文化、价值。

（2）善于帮助老板打理工作事宜。不管老板做出任何决定，都应该保持一个最起码的尊重心，然后再有选择地进行策略研究，帮助老板更好地完成任务，达到职场目标。

（3）员工还应该灵活运用人际交往的准则，有意识地训练自己的观察能力。这样可以更好地领悟老板的工作指示，较好地完成老板的要求。

一个忠诚的员工必然是一个踏实的人，应该能够在工作中展示自己的才智和品德，这些也都是老板选拔优秀员工的重要标准。

一个忠诚的员工必然是一个有威信的人，他们能够在同事中树立较高的威望。带领和影响着其他员工一起为公司献计献策，帮助老板获取更多的市场利益。当然，这需要员工去认真研究自己的老板，才能正确地附和老板，给予老板需要的才能。

员工坚持一个老板，就是坚守一种职场诚意和品质，也是为自己打造一种积极的职场晋升阶梯。

 思 考

1. 孙宏斌和孟军的故事分别给你带来哪些启示？

2. 你如何理解"企业忠诚度"这一概念？

Chapter³

找出你的好老板：

有些人为何总遇不到好老板

尝试：主动出击，迅速成为优秀员工

诗人约翰·弥尔顿曾说："只有不等待的人才能成功。"生命中真正的财富往往是属于那些敢于尝试，采取积极行动去主动寻找的人。职场从来不是一个风平浪静的场所，好老板也不是摆在橱窗里明码标价的待拍卖商品。员工挑选一个好老板犹如为自己挑选了事业的助推器，其影响力和作用力是不可估量的。因为老板的光芒可以折射到员工身上，增加员工的无形财富。

面对职场的岔路口，没有谁可以肯定自己即将要寻找的是不是一份适合自己的工作以及一个能够带领自己进步的好老板。如果因为这些不确定因素就退却，那么员工将永远没有跟随好老板奋斗的机会。一个人身上最可贵的不是他屡屡能成功的特点，而是他敢于尝试，不怕失败的勇气和斗志。

职场从来不是一个风平浪静的场所，好老板也不是摆在橱窗里明码标价的待拍卖商品。员工挑选一个好老板犹如为自己挑选了事业的助推器，其影响力和作用力是不可估量的。因为老板的光芒可以折射到员工身上，增加员工的无形财富。

雪莉在一家外贸公司已经工作两年了，她发现自己的才华总是得不到老板的认可，反而总将自己当作是"有颜无才"的花瓶。不仅是雪莉，公司其他的员工也经常聚集在一起抱怨老板："我们天天为公司卖命赚钱，老板却总是挑三拣四，否定我们所有的努力。"

更让雪莉苦恼不已的是，老板总是安排一些工作之外的杂事交给她处理，导致她经常在公司完不成任务，只能将工作带回家做。而占用了很多私人时间做出的工作却还总是得不到老板的肯定，这让她很沮丧。

老板与自己的期待差之千里，是雪莉最担心的事情。她怀抱有很多职业梦想想要完成，可经过这么久的实践，她发现自己再待下去也不会取得多么大的进展。其他同事之所以没有辞职，是因为他们考虑到工作的稳定性，舍不得离开，也不敢投入全新的工作挑战。但是雪莉一向比较倔强，她相信自己一定可以找到更适合自己的公司和老板。于是，她谢绝了部门领导的挽留和同事的劝说，在交接完工作后毅然辞职了。

一年后，作为一家外企优秀策划的雪莉在街头偶遇了之前的同事小美。小美不禁感叹雪莉身上的巨大变化。如今外表干练，处事泰然的雪莉明白，好老板不是在原地等待可以盼来的，而是需要自己迈步去寻找的。

一味地被动等待，在职场中是一种常见的愚昧想法。特别是在竞争激烈的企业中，如果没有赏识自己的老板，那么或许员工再干十年，也和现在的处境并无不同。主管、老板们每天有无数的事情要处理，他们的头脑中有很多关系需要打理。如果身为员工的你不知道怎样和领导相处，不懂怎么样展示自己的才能，没有魄力去放弃坏老板，寻找好老板，那么就不要指望别人可以帮助你顺利得到事业的成功了，因为你自己都不曾帮助自己。

明智的做法是，员工除了在工作上努力做出优异的业绩之外，还要懂得如何让老板知道自己的与众不同，适时地表现出自己的能力和才华，从而吸引老板的赏识。如果员工尝试过很多方法，走了很多摸索的路程，老板依然不能赏识你，那么就应该果断地去寻找新的工作机会，以尽快遇到那个与自己气场相合，发展目标一致的好老板、新伯乐。

没有谁能够独立在职场中轻而易举地体会到成功的甘甜，只有找准伯乐，勇于抛却，敢于坚持，才能走上事业发展的捷径。

 思 考

1. 雪莉的故事给你带来哪些启示？

2. 你有过放弃坏老板，主动寻找好老板的经历吗？简单分享一下。

分析：你想成为什么样的职业人

> 职场新人初入职场时，总会出现少许不适应，甚至会觉得自己是在被别人牵着走，失去了自我。其实这是一种正常的心理过渡现象，不是因为新人们在职场中的能力与环境不适应，而是由于新人们还没有做好充分的准备，未计划好自己到底想成为一个什么样的职场人。

正式入职之前，职场新人们应该对自己的职业方向有一个明确的规划，包括自己今后想要走什么样的晋升途径来实现自己的理想。当然，工作之前的设想和工作之后的实际情况总会有所出入，因此在实践中应该不断调整自己的努力方向，让自己的职业理想不会被繁重的工作所掩埋。

很多员工在入职之后就确定了自己的职业人风格，他们在企业中风生水起，创造了一个个奇迹。这一类员工大概具有以下几种特点：

（1）灵气与机智结合

聪明的员工会在职场中表现出自己的灵气，运用自己的机智应对职场中出现的任务和难题。虽然不可能每个人都具有灵气，但是你可以细心和耐心地学习这类员工的特质和优点，假以时日，你也将受"灵气"的熏陶，晋升为职场中的"聪明人"。

（2）善于表达

在竞争激烈的职场中，如果你只是默默无闻，沉默寡言，那么很难在众多同样优秀的同事中脱颖而出。一项职场调研发现，那些善于表达，"能说会道"之人多被委任为企业中高层，成为企业、部门的顶梁柱。而那些默默无闻的员工则多成了没什么大成就的"职场老人"。

（3）眼疾手快

员工要想在职场上有所成就，就需要做个勤奋而具有效率的人。能够高效率地完成工作是很多优秀职业人的最大特点，他们用最少的时间为企业创造收益，也为自己赢得更多的私人空间。一个只想挑肥拣瘦，或者眼高手低的人，是很难让老板、同事认可的。

（4）善于管理情绪

没有谁可以每天都面对称心如意的工作任务，人们难免会碰到来自于领导、同事和生活的压力。成功的职业人可以在几种情绪之间自由转换，以最佳的心态面对接踵而来的问题。他们的记忆力只发挥在有意义的事情上。面对一些负面消极的情绪时，就会变得异常健忘，这个特点令他们在工作时总能轻松上阵。

作为职场新人，面对职场众多竞争对手时，除了要学习那些优秀的职业人是怎样面对自己的工作和生活外，还应该努力让自己变得具有"特点"。一个有"特点"的员工，加上出色的业绩，便可成为老板的得力干将。

（5）快速融入环境

不管是什么样的职场人，都应该是能够融入公司新环境的最佳适应者。快速融入公司，与老板、同事共进退，是员工取得职业进步的根基。

当员工设计好职业发展规划，踏入职场进行实践时，工作流程中重要的三步也是不能或缺的。

首先，员工要学会耐心地听取别人的意见，不能自以为是或在一知半解的情况下就开展工作。这样可能是在浪费彼此的时间和精力，也是对工作的草率。

其次，员工在制订工作计划时，要学会掌握轻重缓急，以保证自己在最恰当的时间内完成最适量的工作任务。

最后，员工还应该对自己的工作发展时刻保持清晰的了解，避免在面对工作中的困难和任务时，将自己引入歧途。

成为什么样的职业人，取决于员工怎么设计自己的职业发展道路，以怎样的方法在工作中实践。当有一天你成为别人眼中"你办事，大家放心"的那个人时，你就算是一个成熟的职场人了。

 | 思 考 |

1. 你想成为一个什么样的职业人？请仔细谈谈你的想法。

2. 还记得你初踏入职场时的样子吗？请分析一两个真实的故事。

了解：警惕好老板的"伪面具"

> 人人都盼着在职场中升职加薪，但是尽管人们很努力，却总有一些上司戴着好老板的"伪面具"，令员工困惑和苦恼。除了拼命工作之外，员工也应擦亮双眼，警惕这些所谓的好老板的"虚伪面具"。

巴尼从美国留学回来后，应聘到一家民营职业学院当讲师。这所学院的招生任务主要由学院的副校长负责。由于巴尼在国外做过行销类的兼职，因此他被副校长点名担任招生办的总负责人。副校长总是说自己很重视人才，会公平对待人才，一定给予像巴尼这样的职工最好的待遇。

但是当巴尼真的带领团队创造出不错的招生任务后，副校长却没有兑现许诺给巴尼的优秀待遇，甚至找各种各样的借口来推脱。巴尼无奈之下只得当面找副校长沟通，却收效甚微。又坚持了一段时间后，巴尼只好辞职，离开这位口是心非、表面装得特别公平和正直的副校长，寻找了另一份工作……

人人都盼着在职场中升职加薪，但是尽管人们很努力，却总有一些上司戴着好老板的"伪面具"，令员工困惑和苦恼。除了拼命工作之外，你也应擦亮双眼，警惕这些所谓的好老板的"虚伪面具"：

（1）亲力亲为的老板

这类老板一开始很受新员工的欢迎，因为老板总是能在员工身上花费大量的时间，来确保员工在工作中不犯错误。老板甚至会手把手地教会员工一些工作技能，让员工感到如老师般的亲切和信任。

但问题是，即便是有一天员工已经做好了充足的准备，可以自己独当一面时，老板仍然会监视着员工，让员工处处不能自由发挥。无论员工提出一些建议，还是递交一份报告，这类老板总会驳回员工的申请，或者是让员工无止境地修改，致使员工最终自动放弃自己的想法。

有时当员工提出自己想独立完成一项任务时，这类老板还会刻薄地打击员工的积极性。因为在他看来，最大的威胁就是手下的员工竟然比自己还要出色。他太偏爱亲力亲为的领导方式，注定他不会成为一个优秀的领导，也注定员工会在职场发展中遭遇很多困难。

（2）表面上很有原则的老板

这一类型的老板看起来十分具有原则性，拥有一套自己坚守的行为规范。其实接触久了就会发现，他们时常以自我为中心，只有当别人为他们做出贡献时，他们才会得到满足。

他们信奉某些原则，却在心中充满了虚荣心，内心时常处于一种恐慌的状态。连他们自己有时候也搞不清楚自己坚持的是哪一套原则。初见面时，这类老板并不会对员工做过多的要求，但是过了一段时间，员工会逐渐发现，他们在提升员工的专业和职业能力方面，几乎也帮不上什么忙。

对于这种老板，若员工想在公司长期做下去，就应该学会适当地满足这些老板的虚荣心。在别人面前充分地表示自己对老板的崇敬和尊重之情。"表面功夫"是他们最看重的，只要员工努力恭维他们，他们就会在工作中尽量给予员工便利。如果必要的时候需要违背老板的意志，那么员工就需要格外谨慎和圆滑。

但需要注意的是，这类老板有时会装失忆，比如，他们会选择性地忘记之前与员工间的"加薪协议"。因此面对这一类型的老板时，员工最好在涉及权益的环节"保留证据"，以绝后患。

表面上很有原则性的老板在宣布任务或者划分职责时经常会说一些模棱两可的语言，这时员工应该警惕。尽量多提问，要求老板把一系列问题解释清楚。以免表述不清，给后续的工作造成困扰。

（3）表面沉稳的老板

这类老板话并不多，留给人们一种沉默寡言的印象。他几乎不会对员工的错误进行直接纠正，更别提批评和指责了。员工一开始会觉得自己拥有这样亲和、沉稳的老板是一件多么幸福的事情。但时间长了之后，当有一天员工不小心在工作中犯了一个错误后，就会发现，平时少言寡语的老板会直接将你辞退，毫不留情。

这一类老板从不正面和员工沟通，意味着员工在工作中的问题甚至错误，都需要自己去发掘和改正，老板并没有起到一个领导者和引导者应该尽到的义务和职责。这种老板简直不像是管理者，更像是旁观者。因此面对这种老板时，员工应该积极地去寻找机会，探寻老板对自己的真正看法，在日常工作中一点点改进自己，完善自己，避免日后出现更大的纰漏。平日的工作技巧，自己应该有意识地向老员工或者其他善于言辞的领导学习，只有掌握了实实在在的工作技能，才是自己立足于企业的根本。即便是将来面对岗位的调动，也能做到成竹在胸，处变不惊。

职场中，员工不能只看到老板们戴的面具，而忽略掉面具下隐藏的真实面目。戴着面具的老板不利于员工向其学习个人魅力和职业技能，自然也不利于员工的长期发展。员工应用智慧的双眼和能动的双耳去探寻老板的真面具，揭开伪面具，选择真正的好老板！这样的员工才能拥有美好的职业前程。

 思 考

1. 巴尼的故事给你带来哪些启示？

2. 你在工作中遇到过戴着哪种"虚伪面具"的老板吗？请分享一两个真实的故事。

选择：最适合的才是最好的

> 合适你的老板，会折射给你最多的光辉，让你在无形之中创造很多意外的社会价值。只有找到适合自己的老板，才能在展示你能力的平台上一展拳脚，并迅速借助老板之力站到更高的山峰上，看到更远更美的风景。

在宾夕法尼亚的一个小山村里，有一位毫不起眼的马夫，他的名字叫查理·斯瓦布。虽然他出身贫寒，但却有着惊人的毅力和缜密的思维，并且对自己的发展方向有明确的目标。当时他的邻居甚至是家人们都没有想象到，这个出身贫寒的小马夫居然能够在日后创造一个商业神话。

经历了几年断断续续的在校教育之后，15 岁的查理·斯瓦布开始在一个小山村里做马夫来维持生计。直到两年后，他才获得了一份在工厂里工作的机会。这期间，他努力学习技术，尽量把每一件事情都做到最好，没过多久，他就成为了卡内基钢铁公司的一名技术工人。从日薪 1 美元的工人，到技师，再到总工程师，他只用了几年的时间，就完成了这一系列的蜕变。

当查理还是钢铁公司一名微不足道的工人时，就暗暗下定决心："总有一天我要做到高层管理，我一定要做出成绩来给老板看，使他自动来提升我。我不去计较薪水，我要拼命工作，做到最好，使我的工作价值远远超过我的薪水。"他一边摸索一边寻找最适合自己的工作和老板，终于在 39 岁那年成为全美钢铁公司的总经理。

从查理·斯瓦布的奋斗史中我们可以看出，找到合适自己的工作、行业、领导者是多么重要。查理并没有考虑工作能带给自己多少薪水，而最重视的是这份工作，这个公司的老板到底适合不适合自己。

人们常说要入对行，其实相对于入对行来说，更重要的是要选择适合自己职业发展的老板。跟对老板就像是找到了航行中的指明灯，找到了"靠山"，意味着你的事业已经成功了第一步。否则即便你是才华出众的千里马，也只能屈居马厩，遗憾终生。职场中常见的老板有以下几种类型：

（1）屡战屡败，愈挫愈勇型

如果当你步入一家公司后发现，老板在外闯荡多年，经营无数项目，却几乎没有真正成功的经验，还经常向别人解释说："我这一生啊经历太多，我就是这样屡战屡败，愈挫愈勇。"那么你就需要认真考虑了，老板百折不挠的精神确实值得你学习，但他身上一定是存在着某些严重的缺点，或者做法上一定存在着某些巨大疏漏，否则不会这样一直得不到成功。面对这一类型的老板时，你一定要认真考虑，对于初入职场，需要学习成功经验，尽快收获专业技能的你来说，是不是真的适合跟随他一起屡战屡败、越挫越勇。

（2）事必躬亲型

这一类老板总是认为自己如果不亲手处理每一件事情，事情就会出现疏漏。因此他喜欢事必躬亲，无论公司内的大事小事，皆要亲自参与。这一类型的老板通常不会充分信任下属。如果你只是想谋得一份轻松的工作，那么可以考虑这样的老板。但是如果你想要早日在职场上得到独立的机会，实现自己内心中的抱负，或许就不是太适合这样的老板了。

（3）朝令夕改型

或许你还会遇到这样的老板，他们总是习惯性地"朝令夕改"，自己上午刚制订的计划，下午就随意推翻了。

随着企业生存环境的不断变化，一些公司决策发生变化是非常正常的事情。但是如果老板的决定反复无常，很多成熟的制度一直要不断改变而看不到任何成效，老板却还坚持改动，你就要警惕了，这种置企业正常发展于不顾的老板是不是符合你的未来职业发展规划。

（4）淡泊名利型

有一种老板，总会表现出一种淡泊名利、不在乎企业赚不赚钱的"高姿态"。遇到这样"淡泊名利型"的老板就应该多加思考了，一个不打算赚钱盈利的企业必定不会有充足的条件来满足员工的薪资要求。公司到底有多少发展前景？你又会从老板身上吸收到什么营养？

当然，有时候老板在很大程度上不能由自己随意选择。但是你可以创造条件去接近，去不断找寻符合自己理想期望的老板。不仅要看老板的思想意识是否先进，还要看老板是否能够做到大方、诚恳地提携下属，老板是否具有现代经营理念，以及老板的经营模式是否符合你的兴趣。对老板的要求不同，选择老板的标准自然也会有所不同。

如果你的老板很会做人，那么你可以从他身上学到很多为人处世的道理；如果你的老板很会经营，那么你可以从他身上学到很多经营理念和技巧；如果你的老板很会用人，爱惜人才，你就有机会通过不断的努力成为公司中被重用的人才；如果老板有雄才大略，那么你就可能比投身于其他行业的同学、朋友成长得更快……

合适你的老板，会折射给你最多的光辉，让你无形之中创造很多意外的社会价值。只有找到适合自己的老板，才能在展示你能力的平台上一展拳脚，并迅速借助老板之力站到更高的山峰上，看到更远更美的风景。

 思 考

1. 查理的故事给你带来哪些启示？

2. 你认为自己适合上述哪种类型的老板？

忠诚:"两情相悦"后就该"白头偕老"

> 企业中并不缺少员工,缺少的是能和老板长久和谐共处的,能够胜任工作的员工。老板有时需要的并不是一开始就很优异的员工,而是那些集谨慎、激情、忠诚等因素并存的潜力型员工。

日本麦当劳社长所著的《我是最会赚钱的人》一书中谈到,他将自己所有的投资分类进行回报研究,结果发现在所有投资中,感情投资花费最少,但回报率却是最高的。

员工一旦选择了一家企业,找到了适合的老板,就应该沉稳做事,坚持不懈地努力。员工对公司、老板付出的感情投资让彼此在无形之中成为共进退的团体。

企业就像是一只航行在风雨海路中的大船,老板就是船长,而员工就是需要与老板紧密配合的船员。只有船长和船员配合默契,才能将船顺利驶向目的地。

管理学专家李·艾柯卡曾经说:"无论我为哪一家公司服务,忠诚都是我最重要的准则。我有义务忠诚于自己的企业的和员工,无论在什么时候都是如此。"现实生活中,总有人入职之后还在左右彷徨,对待工作和同事、老板都是一副敷衍了事的态度,这样的员工无一例外会因为各式各样的问题而被老板开除。

没有谁可以在好高骛远中登陆山峰的顶端，那些不能脚踏实地地做好本职工作的员工，自然难以在行业内做出成绩，也难以取得老板的信任。

根据调查研究显示，世界著名的企业家们在问及"您认为员工最重要的品质是什么"的问题时，那些商界大腕几乎都选择了"忠诚"。没有哪个公司的老板会将重要的事务交给不忠诚的员工去处理，因为他们知道，只有忠诚的员工才能给企业带来希望。

员工关注企业的成长，才能获得自己的成长。但是作为员工来说，仅仅有忠诚是不足够的。当你与老板步调一致，一起为企业的发展付出艰辛努力时，掌握一些与老板相处的黄金法则，会让你的职场走得更为长久。职场中，常存的法则有以下几种：

法则一：尊重老板

尊重老板是员工与老板相处的基本法则。没有哪个老板会喜欢时刻顶撞自己、不尊重自己，也不尊重其他同事的员工。因此，即便是员工对老板的某些决策有反对意见，也应该以合适的、礼貌的方式向他提出。当员工充分地尊重老板之后，老板才会平等对待员工的要求。

法则二：保持风度

老板是员工的雇主，但员工面对老板时并不需要慌乱和不知所措。应该在言谈举止之间，展示自己从容不迫的风度，以及不卑不亢的姿态。这样才有利于员工与老板正常讨论工作，还会给老板留下一个良好的印象。以后若是公司需要一些优秀的员工来接洽客户，老板首先就会考虑那些自然、大方的员工。

法则三：真诚待人

员工在与老板交往时，应遵循真诚待人的原则，尽量不要高谈阔论，一味地表现自己有多么出色。经历丰富的老板只会觉得这样的员工华而不实，为人不真诚。聪明的员工应该恰当地把握"度"——既落落大方地展示自己的能力，也会坦诚地说明自己的不足，显示出为人诚恳，踏实可信，这样才会赢得老板和其他同事的好感。

法则四：善于倾听

员工在与老板沟通、交流的时候，应养成善于倾听的习惯。善于倾听，才能在与老板的谈话中及时地明白工作重心，也可以发现一些工作上的问题，促进工作更有质量的完成。

法则五：坚定信心

有些"霸道型"的老板可能会习惯性地打压员工的积极性，否定员工辛苦的工作成果。面对这一类型的老板时，员工不能气馁，而是要保持良好的自信心，这样才可以让自己不断地获取积极努力工作的动力，从而受到老板的重视和欣赏。

法则六：不断扩充自己的实力

无论在什么行业，一个实力充实的员工，总是会得到更多的机会。老板在企业中也会重视那些不断学习、上进的员工。职场新人可以通过阅读书籍、向其他优秀同事学习等方式增加自己的知识储备，继而运用到工作中。能与老板走得长久的优秀员工，一定是具备出色实力的人。

企业中并不缺少员工，缺少的是能和老板长久和谐共处的，能够胜任工作的员工。老板有时需要的并不是一开始就很优异的员工，而是兼具谨慎、激情、忠诚等因素并存的潜力型员工。既然选择了一位适合的老板，员工就应该踏实工作，少抱怨，多丰富自己的内涵和能力。这样的员工，足以成为老板的鼎力助手，也才有资格登顶事业的高峰。

 思 考

1. 你是"忠诚型员工"吗？请举例说明。

2. 如果你是老板，你会如何理解"员工的忠诚"这一理念？

判断：如何给自己挑选一个好老板

> 成功的老板之所以成功，不在于他们创造了多大的财富价值，而在于他自身具有的领导凝聚力和影响力。大多数成功的老板，就好像是一块磁铁，可以将身边的员工紧紧地吸引在自己的身边，使员工们能够凝聚成一个富有创造力和能动性的团队，一起共进退。

什么样的老板才是好老板？每个人心中都有一把标杆。其实总的来说，世界上的老板类型划分可以通过其职业素养来进行评定。当员工有了评判标准，就可以迅速做出准确判断。通常来说，可以通过以下几种方式来判定：

（1）发展事业的能力

中国有句古语："皮之不存，毛将安附焉。"对于企业的老板来说，如果他不具备带领企业逐步发展，引导企业员工共同创造业绩的能力，那么企业就没有发展前途，员工也就无法安心工作。现代企业对人才的要求越来越复杂，而老板也要有能力为人才提供发展的平台，要有为事业带来收益的途径。

美的集团董事局主席、首席执行官何享健曾在记者采访中谈到，他之所以目前仍旧在努力工作，主要源于以下几个工作动力：

首先，何享健对企业的发展存在信心，并将企业的不断发展壮大当作是自己的精神支柱。

其次，何享健和自己的团队一直持续不懈地在为员工谋筑更多、更好的发展平台。他对于美的集团的企业的文化、技术、体制等方面有着明晰的方向，以及更高的目标和要求。

另外，何享健主张用事业来成就人。他认为如果企业没有好的平台，员工就无法施展自己的才华。只有激起员工工作的积极性，才能为企业创造更丰厚的利润。

优秀的老板就像何享健一样，会努力为员工营造适合其人才发展的空间和平台。他们懂得留住人才的最好招牌就是企业的发展能力和对待人才的完善激励机制。员工在好老板的手下工作，可以充分地看到企业的发展前景，感到有动力，充满了安全感。

此外，建立有利于人才脱颖而出的人力管理机制，也是好老板在经营企业中的重要一环。他们大多不吝惜钱财，将更多的关注和财政力量投入到有计划地锻炼人才的项目当中，其领导的下属大多都能在实践中不断得到提高。

（2）团队领导能力

成功的老板之所以成功，不在于他们创造了多大的财富价值，而在于他自身具有的领导凝聚力和影响力。大多数的成功的老板，就好像是一块磁铁，可以将身边的员工紧紧地吸引在自己的身边，使下属们能够凝聚成一个富有创造力和能动性的团队，一起共进退。

老板应该能够激发起员工们的工作热情，驱使他们能以积极乐观的态度面对工作。海因茨·亚当是美国联邦安全委员会的主席，他曾经这样评价罗斯福的领导力："如果罗斯福将联邦安全委员会一万多的雇员集聚起来，站在孟斐斯的亨纳达大桥上，并喊一声'跳'，会有百分之九十九的人跳进下面湍急的河流中。"虽然海因茨·亚当说得有些夸张，但是可以生动地感受到罗斯福作为领导所具有的非同一般的团队领导能力。这样的领导、老板通常具有强烈的经营自己的意愿，并且拥有达到成功者特殊地位的坚毅决心。

良好的团队领导能力还表现在，老板具有知人善任的特点。刘邦战胜西楚霸王，成为一朝王者，凭借的就是对于团队的珍惜和对于人才的合理运用。他清晰地认识到自己"夫运筹帷幄之中，决胜千里之外，吾不如子房；镇国家，抚百姓，给馈饷，不绝粮道，吾不如萧何；连百万之众，战必胜，攻必取，吾不如韩信。三者皆人杰，吾能用之，此吾所以取天下也。项羽有一范增而不能用，此所以为我擒也。"

以人为本的理念贯穿于优秀老板的管理过程中，也成为他们事业生存和发展的内在驱动力。使团队在合理的安排中发挥着巨大的合力作用，推动企业向前发展。这样的老板能够充分地尊重员工，同时也表现出自身良好的职业素养。

（3）品行修养

好老板除了是个优秀的管理者，更是个品行素养极高的普通人。他们在工作、生活中能够表现出大度的气质和宽广的胸怀，敢于承担责任，在解决各种矛盾的过程中展示出自身的个性品质，以及思想水平。

一旦工作出现失误时，好老板不会盲目地火冒三丈，而是能够理性分析问题所在，敢于主动承担责任。他们不会在工作中营造一种相互推诿的不负责任的氛围。

好老板能够宽容待人。如果有员工做了伤害到老板自身，甚至是企业利益的事情，好老板也不会持续地计较，而是会尽量纠正员工心理偏差的地方，帮助员工成长。好老板懂得，宽恕别人也是给自己机会。

在竞争激烈的市场中，好老板不会轻易地嫉妒别人，而是会加倍地努力去接近甚至超过自己的竞争对手。同时，好老板会有意识地排解压抑的情绪，更加公平地提拔优秀员工，任其发挥才能和想法，给人们一种大度、智慧的印象。

通过这三项评判标准，我们基本上可以把老板分为理想状态、尚可、勉强过得去、差劲这四个等级。作为员工，应该擦亮双眼，理性评判，尽早地找到自己理想中的优秀老板。

 |思 考|

　　1. 你的老板是理想状态、尚可、勉强过得去、差劲这四个等级中的哪一类？

　　2. 如果你是老板，你会如何判定自己的职业素养？

践行：新时代好老板的"四有标准"

> 为自己选择一个"四有"的好老板，想必是每一个员工的心愿。但是在对老板提要求的同时，员工也应该同步提升自己的综合能力。好员工与好老板的搭配才是企业科学发展中的最佳组合！

随着时代的发展，如今好老板的标准也发生了变化。人们在不断的实践中总结出了一套"四有"标准作为选择老板的依据。

（1）有型

"有型"，顾名思义就是好老板一定要外观有型。外形养眼的老板可以让下属们平日工作充满动力，还能保持愉悦的心情。

健康和有型的老板凭借出色的身体条件，有充足的能力去开拓市场，不断地在激烈的竞争中带领团队取得胜利。

没有健康的体魄和良好的身体就没有矫健的身形，以及敏捷的头脑。

安德鲁是一个成功的商人，他名下的店铺不计其数。他为了累积财富，总是没日没夜的加班工作。有朋友劝他去健身，锻炼一下，他总是推托说没有时间。才一年的时间，安德鲁就变得气色很差，身形也消瘦了很多。公司的员工看到自己的老板变成了这样子，对待工作也提不起精神，总觉得他们所待的公司已经变得没有朝气。

又过了一年，经过安德鲁的不懈努力，终于将他公司的市场范围扩充了百分之三十，可是他却因为严重的颈椎病和心脏病住进了医院……

没有了健康的身体，人哪还有心情和能力去享受财富呢？而现在很多企业的老板只知道卖命的工作，而不知道平衡自己的身体健康。整个企业内部没有一种健康的工作氛围，员工们也变得不注意自己的健康和身体。企业在这样的情况下发展，又能够取得多大的成功呢？员工又能得到多大的发展空间呢？

所以好老板一定要有亮眼的外形和健康的身体。他们是企业的掌舵手，也是树立企业形象的重要因素。

（2）有心

老板"有心"，即拥有乐观积极的心态，这是老板在工作时可以传递给员工安全感的重要方式。

马云曾经壮志豪情地抒发了自己的商业理想："我要让天下没有难做的生意。"他的自信心和乐观，让他的这句豪言壮语真的成为了现实——阿里巴巴几乎走进了每个网民的生活。

在一开始，马云就下定决心只做 85% 的中小企业的生意，另外 15% 的大企业生意则不考虑。他面对生意场上的激烈竞争从不退缩，而是一个问题接一个问题去攻克。在持久的努力和坚持下，马云领导的阿里巴巴成为了世界范围内最知名的 B2B 网站之一。

如今阿里巴巴的业务范围遍布了全球二百多个国家和地区，成为全球商人销售产品、开拓市场、宣传的重要网站。而阿里巴巴的员工们也得到了在同行业内较高的薪水。

作为企业的管理者，老板在经营过程中，会遇到很多意料之外的状况，如果没有良好的心态，很容易自乱阵脚，更不要说带领员工披荆斩棘了。

良好的心态不是指员工孤芳自赏，也不是盲目的得意忘形，而是老板们自我激励、奋发进取的一种心理预期，是好老板带领员工充满动力地去拼搏，不断地突破自我，最终成就事业辉煌的重要助力。

（3）有运

好老板"有运"就是指有运气。有好运的老板才能有利于下属施展才能，并借助老板的"顺风车",顺利地迎来自己成功的事业。

自二十世纪五十年代开始创业至今的香港商人李嘉诚,可以说是集才能与运气于一身的代表。在半个多世纪的奋斗生涯中,李嘉诚身经百战,带领企业渡过重重难关,冲出了一条大道。如今李嘉诚控制的上市企业市值,在香港各大财团中一直居于显著地位。他的"好运气"让企业每一次都能逢凶化吉,让员工在企业中做的踏实,又有激情。

老板有"好运气"相伴,下属们才能乘上发展的"快车",避免在众多的磕磕碰碰中失去前进的动力和方向。

（4）有情

好老板拥有较高的情商,能够熟练地处理好生活与工作的关系。

管理者拥有了高情商,可以表现出良好的沟通能力、明智的决断力,以及坚强的意志力。拿破仑曾经说过:"对于一个军官来说,知识和素质是最重要的。"而对于管理者来说,情商远比智商更重要。

拥有高情商的好老板会知人善任,能够将人才做出最合理的规划,以带领企业更好地发展。同时,他们能够处理自己在生活中的情绪,避免将生活中的不良情绪带入工作中,这样既可以让自己以最佳状态展开工作,也能够给员工一个开明、放松的工作环境。在这样自如的工作环境中,员工们容易激发工作灵感,为企业带来持续不断的收益。

为自己选择一个"四有"的好老板,想必是每一个员工的心愿。但是在对老板提要求的同时,员工也应该同步提升自己的综合能力。好员工与好老板的搭配才是企业科学发展中的最佳组合!

▶▶▶ | 思 考 |

1. 安德鲁和马云的故事分别为你带来哪些启示?

2. 如果你是老板,是否具备"四有"标准?

Chapter ^{4}

好老板胜过好老师：

学到好老板的真本事，迅速强大自己

为什么老板是他而不是你

> 当你为自己安逸的工作感到心满意足时，老板们却在与冒险的事业发展做斗争。他们瞄准前景诱人的企业，即使经历挫折也不愿意沦陷于安稳与平庸当中。老板是企业生产中的重要组织者，他如果不能适时创新，那么企业就会被市场所淘汰。那些标新立异、引领潮流的老板，不仅给其他竞争企业和行业带来深远的影响，还将在行业竞争中形成主导地位。

很多员工都有过这样的心态："老板手头上的工作自己也能做到。""老板的能力还不如自己。"……于是他们难以在心底真正地尊重自己的老板，处处与老板"为敌"。这一类员工由于对老板缺乏足够的尊重和敬佩，难以发现和学习老板身上蕴含的"技能"，更别提帮助老板实现更大的利润和目标了。

老板在创业和经营管理的过程中，表现出的对应措施都是值得我们去思考和参照的。成功的老板之所以在外人眼中是天赋异禀的人，是因为他们在每一步的经营中都用心去努力，最后才脱颖而出。

潘石屹创办 SOHO 之初，曾经当过砖厂厂长。这个职位和互联网产业似乎相差甚远，但他将此看作是梦想与现实之间的桥梁。有了梦想，才能有动力，才会有实践。当潘石屹成为中国房地产产业的巨头之后，还会时常想起当年在砖厂奋斗的艰辛与收获。2004 年，他一手创立的 SOHO 公司给国家创造了上交 3 亿元税金的业内纪录。

无独有偶，号称世界最大的汽车工厂的创始人亨利·福特，在创业起步阶段也缺少资本和抢眼的背景。但是他和众多成功人士一样，都是在自信和坚持中起步。财富只不过是他们达到成功的手段，并非制约条件。在福特看来，成功人士身上最强大的力量源泉便是自己的内心，相信自己才能调动全身的潜在力量，为向目标靠进而添加助力。

福特曾向身边的友人说："当你在心中形成目标之后，希望的种子就会在内心播撒。在内心规划出事业的蓝图十分重要，它会让你看到信念的力量。"福特在开发第一台八缸汽车的过程，遭到了很多公司内职工的反对，大家对这种技术能否在市场上脱颖而出没有信心。福特此时显示出了优秀老板的决策能力，他下令让公司的技术人员加紧研发，最终制造出了八缸汽车，创造了新的市场领域。

亨利·福特就是这样的老板，他能把困难化作动力，用对行业的信念和对自己的、企业的信任，在汽车发展的历史中留下了浓墨重彩的一笔。

老板们通常还具有远大的目标。他们不会盲目羡慕别人眼前的成果，而会在心里树立长远的计划和目标。创业之初，他们的目标就不是单纯地赢得利润，而是创立企业王国。他们不安于现状，没有一个出众的老板是甘于现状和懒惰的人。立足长远，是老板实现伟大目标中展示的职业素养和精神。

三洋电机公司初成立时的环境并不成熟。当时企业只有几十个人，员工们对产品推向市场后，到底能否产生较强的竞争力很没有信心。但是老板井植岁男的意念坚定，他坚信在日本这样一个缺乏资源的国家要想将企业推向市场，获得成功，就要走国际发展路线。于是，他将大部分的精力投入到国际市场开发上。最终，他的产品卖到了印度洋、大西洋和太平洋，成为世界知名的企业。

老板是企业生产中的重要组织者，他如果不能适时创新，那么企业就会被市场所淘汰。那些标新立异、引领潮流的老板，不仅给其他竞争企业和行业带来深远的影响，还将在行业竞争中形成主导地位。

老板们勇于创新，能够紧跟时代的潮流，才得以保证了企业和员工与潮流接轨，甚至走在行业内的前头。摩托罗拉公司高尔文带领企业不断创新，才保持住了企业在行业内的重要地位；美国通用公司原 CEO 杰克·韦尔奇带领企业尝试转型，最终面对飞快发展的市场形势开辟出了一片天地。

一块价值微薄的铁块，在普通员工手中可以加工成零件，而在老板的手中可以变成价值连城的商品。旅馆业大亨希尔顿在经营中能够充分挖掘自己的潜力，实现自己的价值。他的成功不是一件偶然的事情，而是水到渠成的蜕变。

成功的老板不是独行者，他们更愿意扶持优秀员工，建立出色的团队帮助自己实现事业的发展目标。比尔·盖茨就将自己的成功归因于团队的出色管理。优秀的老板们知道如果单靠自己的力量，就如同大海中形单影只的孤帆，而雇佣优秀的员工会令"企业之舟"在浩瀚的大海中稳步前行。

现代心理学研究表明，人的基本需求满足后，就开始转向对心理需求的追求。自我实现的需求是成功老板具备的一项重要人格特征。他们不仅是经济上的成功者，也是心理层次上的高标准追求者。当你为自己安逸的工作感到心满意足时，老板们却在与冒险的事业发展做斗争。他们瞄准前景诱人的企业，即使经历挫折也不愿意沦陷于安稳与平庸当中。

 思 考

1. 你认为自己与老板之间最大的差别是什么？

2. 如果你是老板会雇佣现在的自己吗？为什么？

策划力是好老板的核心竞争力

> 策划力是老板为了企业经营获得最好的发展环境，并在市场中获得竞争优势而进行的创新性的思维模式。好老板能够通过各种综合策略的运用，实现企业经营中资源调配、利润最大化等目标收益。策划力也成为现代企业中评判老板能力的重要标准之一。

好老板的策划能力主要包括企业的战略策划能力、营销策划能力，以及生态策划能力等。其中，战略策划能力是老板经营企业时的核心能力。老板策划能力做得好，那么企业经营成功的概率就会相应增高。

营销策划能力，多体现在老板及其带领的团队在销售实际产品或者服务中的能力。好老板能够充分地预先设想到企业销售过程中遇到的种种问题，并带领团队提出适合、高效的解决方案。他可以有效地运用有限的资源，去开展一系列行之有效的营销活动，并能够及时地调整战略，进行周密的安排，表现出其出色的逻辑思维和分析能力。

1989 年 6 月，量子公司的使用权被美国苹果公司以 250 万美元的价格买断，这笔钱对于量子公司来说可谓是一场及时雨——当时的量子公司在半年多的时间内已经连续亏损了 570 万美元。但举步维艰的经营困境并没有让时任量子公司总经理的史蒂夫·凯斯乱了阵脚。在这一阶段，史蒂夫·凯斯表现出了出色的决策能力——他决定在公司内部征求量子公司在不使用 AppleLinke 之后的项目新名称。

作为量子公司的重要领导者，凯斯很早就在计划这一项内容，他一直在思索是否能将新的名称更改为"美国在线"。员工们一致赞同他的提议，"美国在线"自此诞生了。

计划颁布后，凯斯开始与团队试验"美国在线"服务的营销性新理论。他认真分析了各项策略的利弊，并决定在"美国在线"推出后，先实行一段时间的免费政策，以此来吸引更多的客户。所有的事情都按照凯斯的预想在发展，"美国在线"一经推出就取得了巨大成功。凯斯顺势从苹果公司的项目过渡到了 AOL 公司的项目，并在这一过程中结识了后来的大客户 IBM 公司。

年仅 32 岁的凯斯，在工作和管理中表现出了成熟的项目策划能力。1991 年 1 月，凯斯被提升为公司总裁，树立了他事业发展中的一个重要里程碑。

策划能力既是一种筹备过程，也是一种领导艺术的展示。可以说企业是否能够得到发展，经营是否能够达标，都与领导者的策划能力有着密不可分的关系。

德谟克利特曾说："最好在行动之前先思考，不要在行动后才考虑问题。"好老板通常会通过以下方式来培养自己的策划能力。

（1）保持积极的心态

每项决策从产生到加工再到实施的过程中都会碰到"阻塞"的地方。好老板能够保持积极进取的心态，沉着冷静地分析处境及问题，踏实办事，不会逃避自己的责任。

（2）保持主见和原则性

老板在规划相关工作事务的时候，避免不了要和下属与外界进行沟通。在这种情况下，一旦失去主见和工作的原则性，就会出现很多意料之外的状况。所以，聪明的老板在面对工作和其他事情时，必须坚持正确的立场，谨慎判断，及时查漏补缺，保持主见和原则性。

（3）以创新性思维工作

为了丰富、严密自己的策划议案，老板会时刻保持自己的求知和求解欲望。在开发、归纳、整合工作思路和方法时，能够细心、严谨地关照每一个工作细节，并在工作之中挖掘出有利于决策的创新性思路。

（4）善于发挥头脑风暴的能量

老板善于引导、引发头脑风暴，从而让决策工作进行得更顺利。

一位成熟的老板在与他人交流时，不管是部门负责人还是普通下属，他都会注重倾听别人的观点，而不是盲目反对与排斥。老板除了会分析各种可行性的观点之外，还能够激发下属们挖掘策划案中的缺点和不足，使其更好地运用在工作中。

（5）条理性的思维方式

一项决策从应运而生到最终实施，会经历一个漫长的过程。期间老板会听到各种各样的意见以及看法，如果不能有条不紊地将资源和信息进行整合，便会在构思、想法和建议中迷失自己的策划初衷。因此，优秀的老板可以保持条理性的思维方式，利用归纳和演绎的方法，让工作在条理性之中顺利完成。

好老板的策划能力是他执行事务过程中与阻碍对抗的最佳资质，可以帮助他应对形形色色的突发状况。有了良好的策划能力，有了创新性的思维头脑，好老板便可以带领自己的企业勇往直前。

 思 考

1. 史蒂夫·凯斯的故事给你带来哪些启示？

2. 你认为老板的决策能力可为公司带来哪些方面的影响？

好老板要的执行力到底是什么

> 拿破仑有一句名言说："一百只由狮子带领的绵羊可以打败由一只绵羊带领的一百只狮子。"说的就是领导执行能力的重要性。执行能力在企业竞争中起着决定的作用。如果没有切实的执行理念和强劲的执行能力，老板做出的任何决策和计划都不能实现。

很多在国际上享有盛名的企业，并不是因为他们的领导者在战略规划上花费了多少精力或者是努力，而是在实际操作中，老板们能够展现出出众的执行力。

一项决策制定出来，不一定会立即显现出预期的结果。但是如果没有好的执行能力，那么这项决策一定是失败的。好的执行能力，在老板看来就是全心全意的及时行动。不能做到这一点的团队，是老板的失职，而不能做到这一点的老板，是企业的损失。

很多企业虽然不乏优秀的战略发展规划，但是最终在市场竞争中惨败于对手，主要原因就是缺少执行力。在如今的市场经济中，老板的执行力面临着更多的考验。

周厚健在掌管海信集团的经营中，就展示了执行力的示范作用。同时，他也要求海信其他领导们具有贯彻行为的能力，即每个领导在工作中确定思路后就应该明确如何将策划执行；每当确定了一项工作的同时，就应该及时关注操作和执行的方式、方法。

中国有句俗语："民不敬我能，敬我勤；吏不畏我严，畏我廉。"周厚健本着这样的原则，充分发挥了团队整体优势，打造出了一支高效率的执行团队。使得海信的企业竞争力得以稳步提升。

三分决策，七分执行。只有老板的执行力才能决定公司组织的执行力，没有执行力，企业就无法欣欣向荣。没有执行力，战略也就无从推进和实施了。

2003 年，丰田汽车在美国的销售量是 400 万辆。美国本土的通用汽车、福特汽车、戴姆勒 - 克莱斯勒等汽车巨头的市场占有率由于丰田的后起力量，第一次降到了百分之六十以下。时任美国总统的小布什将通用、福特和戴姆勒这三家公司的老板集中起来寻找应对"抢占市场"的对策，老板们一致认为，实地去日本丰田公司考察或许是个不错的方法。

不久之后，他们启程飞往了丰田公司进行考察。丰田汽车公司大方地接受了他们的考察请求。经过一段时间的观察，考察人员最终确定了丰田公司成功的秘诀，那就是执行力。

日本丰田公司花费了五年的时间实现了产品上线，并将所有的供应商集中到一起进行专业培训，形成一种标准量化，这是美国人做不到的地方。执行力可以让后起之秀的企业拥有巨大的竞争力，也可以让老牌公司面临失去重要市场的危机。

没有执行力，老板制定的再完善的制度也是一纸空文，企业的价值和优势很难发挥出来。日本丰田公司的老板和领导制定出一个策略，一定会在两个月内执行到位。这也是丰田公司能够不断发展壮大的重要原因。

好老板会带领企业落实每一项对客户的承诺、对股东的许诺，会在执行过程之中表现出诚信的企业品质。好老板在实践中证明，将承诺当作企业生存和发展的命脉，将承诺执行到实处，才会得到客户和社会群体的认同和支持，企业基业也必会稳健发展。

▶▶▶ |思 考|

1. 海信集团和丰田公司分别给你带来哪些启示？

2. 你觉得执行力会对一个公司产生哪些影响？

好老板的很多本领，都是"偷学"回来的

> 民间传统技艺的学习方式中，有一种独门方法叫做"偷师"，即徒弟们偷偷地学习师傅的手艺和技巧，以不断充实自己的技能。同大多数民间师傅一样，已经成为老板的人，身上蕴含着很多独特且高效的工作方式和方法，可是他们不愿意主动去将手下的员工培养成一个个强劲的竞争对手，却无法阻挡"有心的员工"用心去"偷学"。那些善于学习并利用"偷学"技能的员工，一定会受到老板的青睐，从而拥有更加宽广的成长平台。

学艺不如偷艺，只有最聪明的学徒才能学到独门绝技。

懂得"偷学"的学徒是可塑之才，懂得"偷学"的员工才是聪明的员工。成功的老板在初入职场的时候，无一不是通过用心学习，仔细观察的方式逐步成长起来的。

赵珊是一家体育器材公司的销售员，她的老板要求销售员们每天将已售卖出的货物和积攒的存货以文件的形式记录下来，用于向老板汇报。赵珊周围很多的同事都埋怨老板这个规定太烦琐，每天下班时都很晚了，还要汇报工作，简直是多此一举。可是没办法，老板的规定必须执行，每天赵珊和同事将清单文件递交给老板之后，老板会拿回去仔细清点。

不久，赵珊便发现了老板这样管理的优势之处——每天统计员工上交的销售清单后，可便于老板将销售情况进行统计，并将销售人员的成绩做出排名，无形之中促使员工之间形成了一种竞争氛围。

两年之后，业务成绩突出的赵珊被提升为销售主管，后来又被提升为分公司经理。赵珊的下属们发现，这个年轻的老板经常会让他们提交销售汇报文件……

从对老板工作方式的不理解，到充分地落实并仔细观察、学习，赵珊感受到了老板的管理智慧。在佩服老板领导能力的同时，赵珊也学习着这种其他员工不会用心观察的经营技巧，并在后来自己的管理中学以致用。

很多老板之所以成为优秀的管理者，不是因为他们有多么强大的背景和经商头脑，而是因为他们本身就是善于学习和思考的优秀员工。很多老板在工作中都有自己的一套方法，这种方法通常不会列入公司经营的范例中，但是却有着巨大的效用。那些不会"偷艺"的员工，自然错过了提升自己价值的机会。

李嘉诚曾经就靠"偷学"，赚得了千万财富。1957 年的春天，处在创业初期的李嘉诚搭上了开往意大利的飞机，此行他要去考察一家闻名已久的塑胶花工厂，为自己的长江实业寻找新的技术和项目。

来到意大利之后，他发现想要考察的这家工厂对本公司的技术十分戒备，他无法通过"正常的"考察渠道获取制造塑料花的相关技术。于是，李嘉诚决定去这家工厂应聘工人，以接近工厂的技术生产线。

应聘成功的李嘉诚成为一名"亚裔劳工"，主要负责将工厂废料集中起来清除掉。于是每天推着小推车在工厂各个厂区来回走动的李嘉诚，有了最佳的学习机会。他每天经过厂区时，都恨不得用眼睛将各个生产流程记录下来。一收工，李嘉诚就会赶紧回到宿舍，将今天观察到的、听到的有关生产的信息记录下来。

熟悉了生产流程之后，李嘉诚还是无法得知塑胶花的"核心制造技术"。这时，李嘉诚发挥了自己的聪明才智——他主动在周末邀请了几位刚认识的新朋友到中国餐馆吃饭。这些新朋友都是掌握着核心技术的一线工人，李嘉诚利用聚餐的机会，耐心地向他们请教着技术方面的问题。为了不引起他们的怀疑，李嘉诚声称自己想要去应聘技术工人。

凭借着出色的观察力和洞察力，李嘉诚大致掌握了塑胶花制作配色等关键技术。

回国之后，他带回了很多塑胶花样品和相关资料。当他了解到该公司的绣球花最为畅销时，又立即购买了大量的绣球花作为样品带回公司进行研究。

后来，李嘉诚在长江塑胶厂召开会议，将几个部门的负责人和技术骨干召集在一起。他决定将塑胶花作为工厂的主攻方向，以此作为工厂的主打产品推向市场。

李嘉诚带领企业研制的塑胶花，填补了香港市场的空白。为了迅速抢占市场，李嘉诚给塑胶花规定了适中的价位，掀起了一股消费热潮。他制定的薄利多销政策由于适应了市场的发展规律而得到了很多客户的青睐。长江工厂的塑胶花获得了自己稳固的消费群。

可是很快，香港冒出了很多家塑胶花专业工厂，长江工厂迎来了巨大的竞争压力。李嘉诚并没有因此慌乱失措，而是很快调整了经营策略，利用以前学习到的经营方法，发动亲友提供资金，筹备资料用于投建新的厂房建设。并再次奔赴意大利考察塑胶花，同时学习欧洲企业的管理方式。在持续不断的学习中，他决定将原来的工厂实施股份制管理，等公司发展到一定规模后，申请上市，再建立有限公司。

二十世纪六十年代初，长江塑胶厂成功过渡为长江工业有限公司，公司规模也扩大了很多。

去意大利的"偷学"之旅，带给了李嘉诚数千万港元的盈利，给原本普通的工厂注入了新鲜的活力，并获得重生。如今长江工厂成为全世界最大的塑胶花生产厂家，李嘉诚也因此赢得了"塑胶花大王"的美名，享誉行业内外。

职场中，很多老板的过人之处不会轻易教给别人，却无法阻挡"有心的员工"用心去"偷学"。那些善于学习并利用"偷学"技能的员工，一定会受到老板的青睐，从而拥有更加宽广的成长平台。

思 考

1. 李嘉诚的故事给你带来哪些启示？

2. 你有过向老板"偷师"的经历吗？请举一两个真实的故事。

察言观色是一门难学却必须懂的手艺

> 在职场中随机应变的前提就是学会察言观色，这是人际交往中的一种重要技能。对他人的语言、表情、动作、姿态等做以细致入微的观察，是掌握工作节奏的先决条件，也是员工能否在工作中书写新篇章的重要前提。

每一个老板都有自己的做事风格，职场人如果能练就一双善于察言观色的"火眼金睛"，就可以在老板面前把握主动权。

迪克·莫里斯曾经是克林顿总统的顾问，两个人私下里关系十分要好。在迪克离任后，他根据自己在克林顿总统身边的所学所悟，先后出版了《在椭圆形办公室背后》等多部适用于胸怀抱负、渴望成功人士的励志畅销书。他在书中写道：在一次关于竞选的会议中，一位下属提交给了克林顿一份语言精简，结构清晰的演讲稿。可是克林顿看完稿件后，认为应该再增添一些其他的内容。

下属看到克林顿对自己准备的稿件不满意时，立刻承认自己演讲稿的不足，并及时转变了态度，表示要在修改演讲稿的过程中，将克林顿提出的那些建议加进去。

可是下属良好的"认错态度"并没有赢得克林顿的好感，当修改后的演讲稿放到克林顿面前时，他甚至都没有兴趣去翻动。

迪克·莫里斯通过观察克林顿的面部表情知道，他并不希望自己的下属是一个没有主见，容易放弃自己想法的人。克林顿喜欢具有挑战性思维的员工，可是很多时候，不明情况的员工会让他感到失望。

作为员工，在对老板察言观色的过程中不能盲目服从，而应该投其所好。在准确地把握领导的心理时，恰到好处地迎合，才不至于做出影响自己仕途或者事业的举动。在迪克·莫里斯看来，如果工作中不了解自己的上司是什么类型的人，而盲目采取措施去应对，可能会给自己的事业带来不利的因素。

唐高宗李治曾经要立武则天为皇后，遭到了来自众多元老级大臣的反对。一日，李治又将他们召集起来商议此事。名相褚遂良说："今天您召见我们，肯定是为了重新选立皇后的事情。您的心意已定，如果我们再阻拦，必定是死罪。可是我既然受到过先帝的嘱托，许诺要辅佐陛下，就一定会拼死力争。"

褚遂良的话音刚落，引得李治龙颜大怒。

其中有位大臣见状，暗叫不妙。大臣心里明白，反对皇帝肯定是死罪，但是公开支持他，又会遭到其他大臣的议论，于是他巧妙地回答道："这是陛下家中之事，何必再问外人呢？"这句话巧妙地表明了自己的态度，既让皇帝感到满意，也不会招来同僚们的责备，还为自己求得了一生的稳定官运。

弗洛伊德说："人是没有秘密的。即便他们不开口说话，手指头也会喋喋不休，内心里的秘密是无法隐藏的。"人们除了通过语言来观察对方的心理，还能通过表情、形态来分析对方的内心秘密。

有一位记者准备去采访刚刚踢完一场球赛的足球运动员。一进门，便发现休息室内气氛异常，运动员的脸色发青，情绪不佳。这位记者赶紧提出暂时取消采访，他明白脸色如此难看的运动员一定是刚刚在球场上遭到了败仗，现在采访他只能让气氛变得更加僵化，还不如取消采访，再找寻其他合适的机会。

同理，在职场中员工如果不会察言观色，那就很容易在人际交往中遭受挫折，给自己的工作和生活带来不必要的麻烦。

观察对方的举止神态，可以捕捉到对方更为真实的内心动态和思想情况。心理学研究表明，外界事物对于人类大脑的刺激，常常会使人体内某些相应的组织机能在短时间内表现出异常的情况。由于每个人的个性不同，行为习惯、眼神、神态等也会与众不同。不同的行为举止可以反映出不同人的情绪和心理。

那么如何去读懂老板、同事、下属的情绪呢？

（1）面部表情

心理学家表明，嘴角的上扬程度、嘴型的状态、眉毛的状态、眼角上扬的程度以及眼睛等都是识别情绪的直观区域。比如，眼睛可以透露出对方悲伤、恐惧的情绪；而嘴巴则会直接表达对方喜欢或者厌恶的心理状况。

读懂对方的脸部表情，可以找到隐藏在其内心深处的情感和欲望。

（2）肢体表情

在工作中，如果老板表现出皱眉头或者不停地看手表的动作，就说明他可能已经产生了不耐烦的情绪，这时候如果员工将一大批需要审核的报告交给他，可想而知他的情绪会变成什么样子。

而如果老板嘴角上扬，姿态放松，则代表他心情愉悦，希望听到员工们关于工作的详细汇报。而此时员工如果找理由推辞或者早退，那就会给老板留下不负责任的负面印象。

如果你向老板请教一个问题，发现他的眼睛看起来很疲劳，那就应该选择即时终止讨论，因为此时老板的工作状态肯定是极差的，即便是与你一起讨论，恐怕也不能得出满意的答案。

当你与老板谈论自己未来的工作规划时，老板轻微地抖动双脚，同时双眼一直盯着其他地方，说明他对你的这次谈话暂时没有很大的兴趣，或者因为你的规划内容没有打动他，难以吸引他的注意力。这时，你不妨简单收尾，回去之后认真准备再寻找适合的机会与老板相谈。

如果你们在开会时，老板突然眼神很慌乱，低头找寻着什么，你应该主动低声询问老板是否需要自己的帮忙。这时候的及时帮助或许可以解老板的燃眉之急。而一个懂得识眼色的员工在以后的工作中肯定会比其他同事更顺利。

在职场中随机应变的前提就是学会察言观色，这是一种人际交往中的重要技能。对他人的语言、表情、动作、姿态等做以细致入微的观察，是掌握工作节奏的先决条件，也是你能否在工作中书写新篇章的重要前提。

 思 考

1. 克林顿和唐高宗的故事分别给你带来哪些启示？

2. 日常工作中，你是否属于会"察言观色"的员工？

好老板都有耐心，懂得"欲速则不达"

> 工作中的很多事情会因为操之过急而失败。优秀的老板们在企业经营中更是懂得这个道理，一旦缺乏对于事业稳步发展的耐心，便会被心急冲昏了头脑，甚至会在最熟悉的事业领域遭遇碰壁。

章元是河南开封"第一楼包子馆"的总经理。一段时间以来，包子馆生意惨淡，巨大的人员开支和成本支出，让章元深感经营的压力。为了扭亏为盈，章元决定对包子馆进行全新的修整。

章元首先对整体店面进行了装修。不仅有全套的标准设施，还增添了雅座和套间，让顾客的就餐环境变得更加整洁和温馨。

此外，他还对各个生产环节的负责人进行了仔细考核，产品制作中所需要的原材料，他也进行了严格的把关。这保证了包子馆的产品可以在科学管理中稳步运营，让每一个顾客都可以吃到放心包子。

最后，章元还对顾客的用餐过程和就餐感受进行跟踪调查，给顾客营造出宾至如归的就餐享受。

凭借着良好的就餐环境和人性化的服务，再加上包子的可口风味，开封"第一楼包子馆"一下子在中原地区打响了品牌，并且在全国范围内树立了品牌效应。这就是源于章元出色的策划和执行能力。

章元懂得欲速则不达。他并不急于求成，而是专心致志地研究产品、管理和服务，从根本上提升企业的竞争力。

欲速则不达，需要在工作中多一份"耐心"。很多人都明白"心急吃不了热豆腐"，但是很多时候我们都恨不得可以一日千里，结果却落得事倍功半。不少成功之士是在犯过此类的错误之后，才幡然醒悟耐心对于成功的重要性。

宋朝著名理学家朱熹，从小开始研究禅学，但是直至中年才感到速成并不是成功，只有经历一番耐心地勤学苦练才能获得成功。他说："宁详毋略，宁近毋远，宁下毋高，宁拙毋巧。"他用半生的磨砺对"欲速则不达"作出了最好的注解。

很多事情会因为操之过急而失败。优秀的老板们在经营中更是懂得这个道理，一旦没有对于事业的耐心，便会被心急冲昏了头脑，甚至会在最熟悉的事业领域遭遇碰壁。

所以，我们应该学会像老板那样将一件复杂的事情分阶段来实现。足够的耐心会帮我们把工作的基础打牢，并给予我们坚实的信心与动力。

多少人在职场中都会给自己盲目地确定一个所谓的三年、五年目标，他们下定决心要在短期内挣够"多少万"来证明自己。他们梦想着成为李嘉诚、马云一样的人物，却忘了这些老板都是一步一个脚印地用汗水来换取成功的。

一个思想和行为浮躁的人，是不可能将沿途的美景收入眼中的。他们只能感到压力与烦躁，无法静心地去体会工作的乐趣。这样的人，难以承担创业和管理中的责任和艰辛。

员工要想在职场上培养自己的能力，得到更多机会，就应该耐心地踏实工作，才能与工作中、创业中的艰辛斗争。

洛克菲勒是美国知名的石油大亨，他的产业在美国石油行业中占据重要的地位。正是这样一位成功的富翁商人，被老搭档评价为"细心到极点的人。如果有一分钱属于员工或者客户，他都会仔细兑现，从不马虎"。

对于数字很敏感的洛克菲勒经常自己计算一些账目。有一次，他寄信给负责炼石油的经理，严肃地指责了他的失职："为什么你们提炼一加仑汽油要花费1分8厘2毫，而另一家工厂却只要花费9厘1毫。"洛克菲勒总是极其细心地对待自己企业的账目，甚至会精确到最细微的数字单位。他的"仔细"工作，为自己分析和掌握公司经营的利弊提供了直观的说服力，让他能够及时查漏补缺，更好地经营石油企业。

职场中任何事情都离不开"细心"二字。严谨的员工才是具有责任心的人，才是能够精益求精的人。他们不会随波逐流，失去自己的方向与原则。他们在工作中可以得心应手，很容易让别人产生信任感。

是否细心地工作，不但有关一个人的工作风格，还能够反映出一个人的专业素养和品德素质。因为能够认真做事的人，一定是个懂得生活，会认真面对生活的人。

细心在这个复杂的社会尤为重要。美国著名的成功奠基人之一马尔登表示，每个人都应该耐心地去做好自己的本职工作，用一丝不苟的态度去实践自己的职业理想。因为每一件事情都与外界网络有着密不可分的关联。不起眼的小事情如果没做好，实际上可能会给工作带来极大的损失。

一个人如果不比其他人更细心、更卖力地工作，就不能学到好技术，掌握丰富的人脉。赖孝义在台北当学徒期间，就无数次告诉自己一定要细心、认真地工作，不能掉以轻心。先苦后甜的他后来成为台湾美发业龙头曼都王国董事长。

成功的职场人，在尚未取得成功之前，都是在岗位上认真、耐心、细心地做着自己的本职工作。唯有多付出，才能成真杰，才能加速梦想成真！

 思 考

1. 章元和洛克菲勒的故事分别给你带来哪些启示？

2. 你在工作中是一个细心、耐心、认真的人吗？请举例说明。

好老板都很顽强，所以能笑到最后

> 职场中有很多人一开始都能保持旺盛的斗志和信心，但是到了事业发展的关键阶段，一些人由于轻易放弃，与成功失之交臂，最终成为职场中的普通人。谁顽强，谁就可以笑到最后；谁懈怠，谁就会在事业发展的波浪中被淹没。

要想获得事业上的成功，职场人都应该像伟大的开拓者一样，将自己的梦想转化成为梦想和目标而献身的激情。在激情的促使之下，人们可以激发自己的才能，并且敞开心扉去接受世界，成就自我。

成功的老板在工作中都投入了百分之百的热情，他们不会因为自己个人的原因而影响工作，或者是带给合作伙伴、下属们不良的情绪。

雅诗·兰黛被誉为当代"化妆品工业皇后"。白手起家的她多年来一直是众多财经杂志争相报道的传奇性商界人物。

雅诗·兰黛的创业背景在同行中并不算特别出众，但是她有着对待工作和事业无比浓厚的激情。直到八十岁高龄的时候，她还在以饱满的热情工作努力在企业经营前线。每天十几个小时的工作强度没有让她觉得特别疲惫，反而充满了干劲。这种工作的态度也影响着企业上上下下的员工。退休后的雅诗·兰黛还会每天身着整洁、端庄的服饰，热情地穿梭于各种商业场所，为自己的企业宣传，为自己的产品进行推广。

激情是职场中人们想要成就事业的无形动力，而想要拥有激情，就必须抱定一个信念——努力进取。

工作中有些员工总是提不起精神，他们觉得上班就是一种煎熬，抓住机会就不停地吐槽；抑或眼高手低，说起话来头头是道，工作起来却手忙脚乱；还有的员工遇到一点挫折就灰心丧气，觉得工作前景一片黑暗。这些都是缺乏工作激情的表现，其关键的原因是他们都没有找到做当前工作的动力和信念。

一个人只有在工作中充满了激情，才能对自己的能力有一个较为客观的评判。不管工作的难度有多大，他都会努力地去达到要求，甚至是超过预期的设想。

肯德基连锁店的员工，每天要面对无数来往匆匆的客人，他们对自己的服务态度倾注了百分之百的激情与活力。节奏明朗，态度热情，成为了肯德基连锁店的一种标志。激情让员工工作起来更有效率，也让更多的顾客享受到了满意的服务。

有了激情，员工就找到了人生的目标和意义。就连以前觉得困难的工作任务，也会在激情中化解，得到完善的执行。对于事业，员工应该常有一种热烈的追求之感，员工应考虑自己应该怎样实现自己的社会价值，怎样为公司创造更多的效益，而并非自怨自艾，过分焦虑。

除了激情，还应该有恒心相助。一个人只要敢于坚持，可以忍受磨炼，那么勇往直前的他一定会取得不俗的成绩。

肯德基创始人哈兰·山德士创业之初，只是个退役后独居的老人。戎马一生的他不甘于在家休养，他决定将自己无数次实验后研制出的炸鸡配方推销出去。但令他没想到的是，没有一家餐馆愿意和这个老人合作。

无奈之下，他开着车，从美国的东海岸一直到西海岸，沿途推销自己的炸鸡产品。无数家餐馆对他说了"sorry"，可他仍然不放弃，终于有一家餐馆被他的执着所感动，买下了他的炸鸡配方。并以配方入股的形式使哈兰·山德士成为了名震全球的"炸鸡爷爷"。

一份坚持＋一颗恒心，可以让人们叩响成功的大门。

职场中有很多人一开始都能保持旺盛的斗志和信心，但是到了事业发展的关键阶段，一些人由于轻易放弃，与成功失之交臂，终成为职场中的普通人。谁顽强，谁就可以笑到最后；谁懈怠，谁就会在事业发展的波浪中被淹没。

在工作中提高积极性，让激情保鲜，首先必须改变对自己工作的认识。工作不只是一种谋生的手段，而是自己取得成功，不断提升自己综合能力的途径。

此外，还应该树立全新的工作目标。在冲击目标的过程中，不断地挖掘新鲜感，保持对于工作的动力和兴奋。一旦抓住机会，就要奋起直追。激情会在一个又一个目标实现的过程中变得更加恒久。同时，要想保持工作的热情，就应该学会时刻审视自己的工作状态和进度。有了自我检查的意识，可以促使自己将工作做到最好，这也是永葆激情的重要方式之一。

对于员工来说，激情化作的耐心与恒心相协调，可以让自己展示强大的能力，使自己的职业生涯越拓越宽。

　思　考

1. 雅诗·兰黛和肯德基的故事分别给你带来哪些启示？

2. 你认为职场中的自己拥有耐心和恒心吗？请举例说明。

Chapter⁵

借力老板成就自己:

再优秀也要主动进入老板的"圈子"

进入优秀的"圈子",更容易让自己优秀

自古以来,有人群聚集的地方就有"圈子",中国人把人与人之间的关系网称之为"圈子"。"圈子"是一个开放性、封闭性俱存的圆圈,志同道合的人们聚在一起就形成了"圈子"。汽车发烧友有"汽车圈子",美食爱好者有"吃货圈子",摄影爱好者有"摄影圈子",职场中也有不同风格的"职场圈子"。

在错综复杂的社会交际网中,一个人所拥有的人际关系是一种重要的隐性资源,而人脉"圈子"则是这种隐性资源的集聚地。

《说文解字》中将"圈子"的定义定为:一群人在一起吃饭交谈。于是,"圈子"最重要的特点就是成员们有着相同的爱好和兴趣,人们可以随时找到话题畅谈。因此在"圈子"中的人,可以很容易找到志同道合的朋友。人们在"圈子"中打听着自己想要得到的信息,也与他人交流着表示自己的意见和看法。

一个人想要在社会上生存,离不开属于自己的"圈子",不管是"家属圈子""朋友圈子",还是"同事圈子"等,都是一种重要的无形资产。形单影只的人在社会上发展总会遇到想象不到的困难,没有"圈子",就如同没有为事业、生活保驾护航的遮蔽伞和照明灯。

"圈子"既有无限的凝聚力，也有着巨大的扩张性。表面上看起来没有一点联系的人或事，可以通过"圈子"的联络和经营建立起关系。人脉关系链形成的过程中，"圈子"的成本是最低的。走进几个"圈子"，多认识一些带"圈"的友人，难事也会变得简单起来。

职场中的"圈子"，大多是同公司、同行业内形成的联盟。"圈子"中人们彼此之间有着各种各样的联结，办起事情来也多可以事半功倍。比如大家都熟知的四大会计律师事务所——安永、德勒、普华永道以及毕马威，很多员工会在四个公司之间进行跳槽。这些公司的员工们形成的"圈子"联盟，无形之间就圈定了彼此的职业人脉。

初入职场的新人们可以利用老乡会、校友会等"圈子"建立自己的社交关系网。曾经有一位在北大 MBA 课程做助教的学生，因为工作关系结识了多个不同行业的知名企业家。在毕业之季，该同学在 MBA 学员的帮助和推荐下，很顺利地就找到了心仪的工作。这正是"圈子"的力量。

每个人都有机会加入一个出色的"圈子"，就看你有没有挖掘自己潜力的心。

每天我们都会与不同的陌生人打交道，而与陌生人接触的过程也是打开自己交际圈的过程。我们虽不能盲目付出自己的信任，但也绝不能故步自封。在职场和生活中，你应该积极主动一些。这不是一种功利的表现，而是一种对机会和生活的把握。平时能够与人接触，等遇到事情的时候就不至于太过尴尬。但需要注意的是，我们应该把握一个原则，那就是与比自己优秀的人交朋友。这种优秀可以体现在品行、工作、德行等多个方面。

人脉与机遇是成正比的。一个优秀的"圈子"可以为你带来更多机会，进而决定了你的人际交往能力和交往范围。无论是在什么工作岗位，都应该有意识地去开发"圈子"，这对你未来的发展有着举足轻重的作用。一个人所处的"圈子"对其事业成败及生活好坏有着很大的影响，与优秀的人建立稳定的"圈子"关系至关重要。

选择"圈子"，走进"圈子"，你应该根据自己的需要，将自己的人际关系网分门别类地进行整理归纳，便于自己在关键时刻查阅和联络。建立了"圈子"之后就不要疏于联络，一条短信，一个电话，一份礼物，都可以帮助你维持与圈内好友的联系。常常联系才能让"圈子"的关系更加和谐。

"圈子"不求大，而求精。打理你的"圈子"，其实就是在打理你的人生。"圈子"就是财富，就是一条用巨大的凝聚力打造的人脉关系链条。有效的"圈子"可以让人们的事业突飞猛进，实现多方成功。随着社会和文化的变化，"圈子"内的关系网也会随时发生变动。要有一双善于发现的眼睛，及时调整自己的"圈子"，维护它，修缮它，才能更好地与之产生联系。

思 考

1. 你如何理解"圈子"这一概念？

2. 你的身边有哪些"圈子"？可否分享一两个。

融入老板的"圈子"，向更多优秀的人学习

> 职场本身就蕴含着丰富的学习资源。老板自己身上存在很多职场新人们值得学习的地方，而老板身边的人，同样也是值得职场人去琢磨、研究的对象。一个人的成功经验或许不能很好地说明问题，但是，一些人的成功经验就一定会带给员工们难以忘记的体验和感受。

张浩从国外留学回来以后，决定要自己创业。可是由于缺少人脉和经验，张浩一开始的创业之路充满了坎坷。后来，经过一位朋友的引荐，他认识了一位事业有成的老板。这位老板为人豪爽，也十分热情，主动帮助张浩解答了很多企业经营中的困惑和问题，张浩尊称这位老板为自己的老师。

后来，在这位老板朋友的生日聚会上，张浩又通过老板的引荐认识了其他的企业老板、主管等一些对于经营有着丰富经验的人。

张浩通过与这些"大老板们"的接触，学习到了他们身上的创业技巧，并且通过和这些人接触，获得了更多的生意资源。不久之后，张浩与在这次聚会上结识的一位老板达成了合作意愿，张浩的公司也因此接了一笔该季度中最大的销售订单。

成功老板周围的"圈子"中大多都是与其社会地位相当的优秀人才。

你如果能成功地接近"成功老板的圈子",那么就会学到他们成功的方法。在日常接触中,你也会有机会借鉴他们的经验,找到自己的不足。之所以有人停留在事业的某一阶段无法前行,是因为没有将视野打开,缺乏找到榜样、学习榜样的方法和勇气。没有人生来就会经营,没有人生来就是专业人才。成功者只有在榜样的力量和自我学习的双重合力作用中,才能进步神速,取得骄人的成绩。

职场本身就蕴含着丰富的学习资源。老板自己身上存在很多职场新人们值得学习的地方,而老板身边的人,同样也是值得职场人去琢磨、研究的对象。一个人的成功经验或许不能很好地说明问题,但是,一些人的成功经验就一定会带给你难以忘记的体验和感受。

李嘉诚的次子李泽楷的豪宅中,有一面"照片墙",上面记录了李泽楷和一些政界要人见面的场景。其中不乏新加坡总理李光耀、英国前首相撒切尔夫人等国际政坛的名人。广泛结交上层人士,并且扩展自己的人脉,是李泽楷在管理和经营公司之外做得最多的事情。

李泽楷认为,结交上层人士"圈子",可以为自己和企业带来发展机遇。1999年的春天,李泽楷凭借父亲李嘉诚和他个人的人脉关系网,在盈科集团的投资支持下,在香港建设了"数码港"项目。随后,李泽楷加紧步子,利用自己多年积攒的人脉资源,对德信佳公司进行了收购,并将自己的集团更名为"盈科数码动力"。

这一系列举措令其控股的企业市值在短短的时间内从40亿元变成了600亿元,成为香港上市公司中的佼佼者。正是他与各种企业家、老板在切磋交流中"赚来"的人脉,帮助他一步步成为了世界上知名的商人。

美国石油大亨洛克菲勒就曾经直言不讳地说道:"我愿意付出比得到其他本领更大的代价来学会与人相处的秘诀。"优秀的人脉"圈子"所蕴含的价值是人们所无法估计的,无论你处于哪个行业,都不能忽视对于人脉的积累和拓展。有些人在管理自己的人脉关系时,会有严重的偏颇,这也是不恰当的。只要是在某些地方优于你的人,都是值得你去关注和学习的。

选择跟随成功人士们学习，就需要花费一定的精力，有时可能还会需要你付出一定的财力。可如果不利用机会丰富自己的人脉资源，将来你就会花费更多的精力和财力去解决难题。未雨绸缪的人才能掌握工作、生活的主动权，而不是等到火烧眉毛时才发觉欲出无门。

如果你渴望成功，就应该擦亮眼睛，认清楚成功企业家的"圈子"，尽量去接近他们，多学习才能多收获。通常来说，想要维系良好的"圈子"资源，需从以下几个方面入手：

（1）制定人际交往目标

你需要列一个名单，对自己想要接触的人物有一个提前的准备。可以通过电话、邮箱等形式与成功名师取得初步的联系。

（2）重视每一个会议

很多会议上都会有来自各界的精英代表，你应该在会议结束后通过自我介绍、话题探讨等方式与他们主动建立联系关系。

（3）强化自己的记忆力

为了避免在见到成功老板之后手足无措，你应该事先做些功课，记住他们的名字、爱好、专长等，这就需要你不断强化自己的记忆力。你可以准备一个备忘录小本，将关键信息记录在上面，随时拿出来翻看。

成功不是一件难事，难在你如何选择自己的奋斗目标和学习对象；难在你如何勇敢地跨出与陌生人交往的第一步；难在你如何与名师们打交道。多和自己的老板学习经验和技巧，若没有天赋异禀的能量，那你也应该懂得勤能补拙的真谛和意义！

 思 考

1. 张浩和李泽楷的故事分别给你带来哪些启示？

2. 你有过向老板学习的经历吗？获得了哪些收获？

怀着强大的内心，在老板的"圈子"里左右逢源

> 在一些员工的眼中，老板不是自己可以学习的导师，而是可怕、威严的上级。员工的心里有一堵厚实的墙壁，阻挡了自己和老板交流的路。一旦想要接近老板，心里就能感受到一种强大的压力。其实，走进老板的"圈子"并不是难事，需要员工勇敢地打破与老板交往时的心理障碍之墙，而破墙的锤子，就是在职场工作中的良好心态与心理素质。

股神巴菲特是投资界和商业界的一个神话，很多人以为他的成功靠的是敏锐的投资眼光及运气。其实不仅如此，巴菲特的成功与其自身强大的心理素质也是密不可分的。

加入成功企业家的"圈子"之前，巴菲特花费了大量的时间研究行业经营的技术问题，并在费城交易所研究投资市场发展趋势等。他主动融入老板们的"圈子"中，虽然彼时的他毫无名气，且没什么令人瞩目的成就，但他具备一种积极奋进、勇往直前的胆魄。他用这种胆魄，凿开了横亘在自己和成功道路之间的那堵墙壁。

如果巴菲特在奋斗的路上瞻前顾后，害怕被拒绝，害怕失败，害怕别人看不起自己，那么可能他不会取得后来的成就。

巴菲特申请到了跟随价值投资大师格雷厄姆学习的机会，他尽情地享受着与行业精英交流的机会，期间他向无数投资专家虚心求教。最后，在好友的帮助下，巴菲特将雷厄姆和费雪的投资体系相融合，成功地形成了自己的价值投资体系，达到了事业的理想目标。

当年的巴菲特如果没有接近、进入老板们的"圈子"，力量单薄的他恐怕自己都不知道成功在何处。当我们的内心深处有想成为某些成功类型人的愿望，就应该多和这类人接触和来往。不要因为对方是上司、业界精英而胆怯。只有尽力发挥自己的长处，吸取他人的成功之处，才能在职场中获得长远的发展。

其实，现实生活中，大多数职场人无法打破自己与成功者"圈子"之间墙壁的原因，在于其对自己的工作、生活产生了太多焦虑。一旦没有达到自己的目标就会变得十分失落。有的人还会在工作中丧失斗志，一味地否定自己。长时间下去，身体和精神都会变得疲惫不堪。

追求完美，渴望成功固然重要，但是不应在自己身上设置太多的枷锁。精神一旦疲惫了，那么身体很难对脑中构想的积极目标做出反应。走入老板、名师等优秀"圈子"是个漫长的过程，不能操之过急，应该循序渐进。

让人没有信心，过于焦虑的第二个原因还在于人们内心中没有做好迎接工作、生活挑战的心理准备。表面上你可能告诉自己要成功，要努力，要迎着挑战而上。但其实内心中十分渴求工作、生活一帆风顺，不要出现任何的变动。

人们在工作、生活中难免会遇到各种引起紧张、焦虑的事情，这个时候更加需要我们正视问题，寻找解决问题的途径。

接近优秀的"圈子"，需要你的心态平和。接触庞大、陌生的人群，一开始谁都会紧张或者不安，这是一种正常的心理变化过程。重要的是，在度过紧张、不安等初始情绪后，放松心态，使自己激发释放出更多的能量。

在日本的江户时代，有一个著名的茶道师傅。他的茶道技艺精湛，以至于主人每天都要喝他做的茶才能安心。一天，主人要去京都办事，由于无法忍受喝不到茶道师傅做的茶，便准备将他带上，一起去京都。但胆小的茶师不敢随主人去京都，因为当时的日本有很多的浪人、武士，他们之间经常发生决斗，难免会伤及无辜。为了安抚他的恐惧，主人提出一个建议，让茶师打扮成武士的模样，这样的话就安全多了。

来到京都后，一个武士看到同样武士装扮的茶师，提出要与他决斗。无奈之下，茶师只好将自己真实的身份告诉了武士。谁知道，武士却扬言要将茶师杀掉，因为不是武士的茶师穿上了武士的衣服，是对武士的不尊敬。

自知难逃一劫的茶师决定自行了断，他来到京都最大的武馆，向大武士求助，说："请您告诉我求死的方法吧。"

大武士不解地问："来到我这里的人都是求生之人，为什么你要求死？"

茶师将自己的遭遇告诉了大武士。大武士让茶师给他做回茶，茶师认为这可能是自己最后一次做茶了，于是非常用心。

大武士喝过茶师的茶后，说道："这是我目前喝过的最好喝的茶了。你用刚才做茶的心境去和武士决斗吧，一定会打败他的。"

来到约定的地方，茶师没有急于准备决斗，而是将护手、护腕都扎好，并将帽子摘下，面带微笑地做完了整个预备过程。武士看茶师这么淡定，被吓坏了。他认为自己遇到了高手——茶师一定是有高强的武功才能如此镇静。武士最终向还未拔出刀的茶师求饶，茶师不战而胜。

这个故事告诉我们，真正的勇敢在于一个人的内心。如果一个人心中拥有坚定的信念，才是真正的勇士。

而强大内心的关键是多与正能量的人或事物接触，从他们或慷慨大方，或正直乐观的性格中汲取益处，为自己注入新鲜的活力。

▶▶▶ 思 考

1. 巴菲特和茶师的故事分别给你带来哪些启示？

2. 日常生活中，你是内心强大的人吗？

目光放长远，拒做"一锤子买卖"的员工

> 员工要想真正地走进老板的"圈子"，就必须将自己变成一个可以被老板重用的人。没有一个老板会对一个"草包"青睐有加。员工在工作中应该将目光放长远，不要计较眼前的利益得失。努力工作，才能有机会取得令人瞩目的成绩，老板才能提拔任用你，你也才能拥有逐渐靠近老板"圈子"的资格和机遇。

任维是一家体育报社的编辑，有一段时间内他的工作状态特别好，写出的稿件总是能占得头版。当时他所在的报社老板正好要与外国一家单位合作一个赛事的专题报道。得知任维最近表现突出的情况之后，老板直接找到了他。老板希望任维可以在这个合作项目中担当重任，任维当然求之不得，立即答应了下来。

一个月后，合作项目圆满完成，任维也松懈了下来，之后的几周内，任维的稿件都变得毫无亮点。紧接着下一个项目来临时，老板将橄榄枝抛向了另一位表现优异的同事，没有再选择任维。任维这才意识到，只有你十分出色，才有机会与老板做"买卖"，否则就会被淘汰出局。

如果你的优势不突出，老板根本不会注意到你，也不会产生任用你、与你合作的想法。即便是你某一次获得了老板的青睐，得到了合作的机会，

如果你不及时更新自己的内外实力，那么下次老板不会再给你第二次机会。"一锤子买卖"就是如此的现实和残酷。

把工作当作是锻炼自己，进行学习的一次次机会，而不是令自己头疼眼晕的工作任务。这样不但可以获得很多知识，还能让自己拥有充足的精力注意到工作任务之外的东西。比如，同事们是如何开展类似工作的；老板今天哪一点处理得非常巧妙；今天自己处理事务的能力是否有所长进等等。有观察才能有思考，才能在工作中不断地反思自己、提示自己。

要想达到这样优秀的"境界"并不是一件简单的事情，需要不断地超越自己。在面对挑战时，镇静自如，打破常规，才能激发自己的潜能。

所谓逆水行舟，不进则退。职场中很多人在暗自努力，如果你花费了大量的时间用于盲目工作、不思进取或者忧心忡忡上，就会落后于那些努力工作的同事们。人不能安于现状，一旦在职场中有了这样的念头，就会变得失去斗志，没有了前进的方向。

证严法师曾经说过："甘愿做，欢喜爱。"意思就是一个人在做事情的时候，不要抱怨，而是应该心甘情愿地去付出努力。无论遇到什么样的困难，都应该以平和的心态去接受。现实生活中，很多人抵触工作。这样的人在工作时就像一颗随时爆炸的炸弹，不知道什么时候会爆发，或许在老板交代工作的时候就会情绪失控。这样还如何走进老板的"圈子"呢？

修炼自己，关键在于修炼内心，养成自我反省的习惯。工作中需要我们经常反省自己，反省就如同一面镜子，可以在你安静的时候告诉你哪里做得不好，哪里还可以再改进。时常自省的心态会让你明白哪些方面是自己工作中的局限之处，哪些盲点自己以前没有注意过。带着这样的心态工作，你会成为一个有担当，有责任心的员工。

提升工作能力，就应该专注于细节。老子说："天下难事，必作于易；天下大事，必作于细。"很多职场新人只是紧紧地盯着业绩目标，却忽视了职场中的每一步棋子都需要稳扎稳打；每天面对的工作内容、合作伙伴、工作对象都有可能发生意外。

要想让老板注意到自己，增加自己走进老板"圈子"的资本，就应该修炼自己的个人魅力。宽广的胸怀、勤恳的态度、谦逊的人生信条都可以增加你的魅力，使你在工作中展现出不一样的风采。

华盛顿给人们留下了谦卑、真诚、执着的印象。他功勋卓越却不居功自傲，即便处于权力的巅峰时期，仍旧保持着平和的作风。同时他又心胸宽广，在任期间将美国一流的人才都纳入到了政府当中，并且坚持严格审核官员、推举官员的制度。正因为他在工作中懂得谦卑，并且以身作则，才赢得了众人的信赖。

个人魅力的积蓄过程不是一蹴而就的，需要员工在工作、生活中逐渐形成。个体人格的魅力和具备的号召力，可以让员工在工作中得心应手，得到来自周围人们的支持和信任。培养自己的人格魅力，就需要有管理情绪的能力。情绪是人对客观现实的反应，工作内容和客户是不会为你的"小情绪"埋单的。只有对自己的情绪具有掌控能力、调节能力，才可以驾驭自己的心情，形成率真宽容的工作作风。

虽然员工距离老板的"圈子"还有一段路要走，但是绝不能妄自菲薄，而应该学会实事求是地剖析自己，完善自己，提升自己各方面的综合能力。只有当自己成为一个职场上的强者，才能更好地接近强者的"圈子"，使自己的职场之路越拓越宽！

▶▶ 思 考

1. 任维的故事给你带来哪些启示？
2. 你如何理解证严法师提出的"甘愿做，欢喜受"？

主动出击，借力老板成就自己

> 有人说，员工想要玩转职场，就要懂得"老板心理学"。老板们为了维护自己威严的形象，在员工面前总是一副严肃、难以靠近的样子。很多员工难免会对老板产生一种畏惧的心理。但是员工若想尽早取得事业的收获，就必须走进老板的交际圈，与老板"亲密接触"。

主动走近老板，员工才能迅速地揭开老板面前的"神秘面纱"，从而直观地从老板那里学到专业知识和工作方法。主动出击，可以让老板多方面地了解员工的工作情况和优势。

主动出击，员工可以获得与老板沟通、磨合甚至是合作的机会。在与老板不断沟通的过程中，员工会更加坚定不断奋斗的信念。而老板对员工了解深入之后，会对员工产生更多的信任感，逐渐会将手头上重要的工作任务分派给自己信任的员工。如此一来，员工就可以通过与老板的近距离接触，为将来更好地融入老板的"圈子"创造条件。没有这种高质量的工作锻炼，老板也不会主动地对工作中关键的技能点拨员工，如果单靠员工自己的努力去摸索，可能要花费几倍的时间和精力。

主动出击，走进老板的"圈子"，不是在工作、生活中与老板闲聊，也不是不择手段地去攀关系，走后门，而是要员工学会善于、及时表达自己的职业技能需求。在工作中遇到什么问题，员工可以主动地、大方地向老板请教。如果遇到员工想参加的会议或者培训，也应该拿出勇气去毛遂自荐，否则只能让机会白白溜走。

主动出击，可以减少层层上报的沟通环节，提高工作效率和执行能力。老板会给予员工更多的表现机会，加快员工走进高级别工作"圈子"的步伐。那么，日常生活中，我们该如何主动出击呢？

首先，员工应该头脑灵活，手脚勤快，随时寻找帮助领导的机会。在工作中，领导担负着统领全局的任务，责任和压力相对较大。一些工作必须通过和员工们密切配合才能完成。这时候，如果员工可以灵活地发现问题，并帮助老板出谋划策，解决问题，对于老板来说肯定会十分感谢员工的工作帮助。

平日工作中，员工应养成勤快和认真的好习惯。例如老板让你寻找一份资料，你可以将资料以文档或者表格的形式进行系统归纳，然后再交给老板，让他通过小事看到你的工作能力。如果老板表现出对于某项报告会议的疲惫，你可以提出代其准备资料的要求，为老板分担压力，让老板觉得你是一个得力的帮手。

其次，当老板没有明确指派任务时，员工应该发挥自己的主动性，主动去发现任务，并提早做准备。只要员工心思足够细腻、善于观察，在工作中准确领会到老板的意图，就能够在工作中抓住重点，高效率地协助老板完成任务，从而赢得老板的信任。

最后，员工还需要掌握与领导沟通的重要法则，那就是不吝惜赞赏，不盲目跟从。老板们颁布一项决策的时候，肯定希望能够得到员工们热烈的回应。这时你应该主动替老板营造氛围，不吝惜对他决策的赞赏和鼓励。如果老板的提议，因为你的"主动造势"而得以顺利推行，那么老板一定会对你大加赞赏。

但是需要注意的是，附和老板的决策不代表就是盲目跟从老板的意见。千万要掌握好这期间的"度"，过于盲从，不仅会破坏工作大局，还会引起同事的反感。

如果老板的观念是错误的时，更不能盲从，而应该采取适宜的方式去提醒他。

再精明的老板也难免会出错，当老板在宣布某项方案或者策划案的时候，员工应该对自己心存质疑的部分进行"取证"，有理有据地与老板进行沟通。这样的方式更容易使老板接受你的建议，明白你的良苦用心。让老板在日后做决策的关键时刻就想起你的鼎力协助。

除了在工作上主动出击，还应该在与老板"圈子"的接触中主动出击。最基本的就是，员工应该了解老板"圈子"人物的基本社会关系。与人交往，都是从了解开始的。老板"圈子"中的人，他们虽然有着丰厚的资质和人脉，但同样也是普通人。他们有着各种各样的兴趣爱好和性格特征。掌握老板及其圈中人物的企业发展历史、友人关系、品位、日常休闲娱乐方式等内容，可以让员工有更多的机会去接近他们，还可以"对症下药"，在合适的机会表现出员工与他们同样的某项爱好，增加共同话题。

此外，员工还可以通过了解老板"圈子"中人们的业务来走近他们。比如，他们经营的主要是什么产业，他们的公司分布是什么情况，他们如何分配公司管理部门等。从业务、工作入手，可以更直观地了解"圈中人物"的处事风格和领导能力。但是切记不能太过锋芒毕露，否则会给对方以压迫之感，不利于你和对方的进一步接触。

一个成熟的职场人是不会原地等待"一锤子买卖"的到来，而是会主动出击，赢得机会。记住，优秀的职场人不应是一个等待机会赏识的无名小卒，而应该成为一个随时可以为自己人生去拼搏的"优秀战士"。

▶▶ 思 考

1. 在职场中，你是一个善于"主动出击"的人吗？

2. 你如何理解"主动出击"这一概念？

可以攀龙附凤，切勿趋炎附势

> 趋炎附势的人对于自己可以利用的人际关系会不顾一切地加以利用。而对于自己"无利"或者曾经有利的人，就置之不理，这是一种人性的丑陋。他们只懂得利用他人，而不知道报恩。善于趋炎附势之人，内心中大多自私自利，不能与周围的人和谐共处，自身利益和名誉也会在无形中受到损害。

很多人觉得趋炎附势和攀龙附凤这两种做法是一样的，都是无底线、无原则地阿谀奉承，其实不然。

趋炎附势的人对于自己可以利用的人际关系会不顾一切地加以利用。而对于自己"无利"或者曾经有利的人，就置之不理，这是一种人性的丑陋。他们只懂得利用他人，而不知道报恩。善于趋炎附势之人，内心中大多自私自利，不能与周围的人和谐共处，自身利益和名誉也会在无形中受到损害。

所谓攀龙附凤中的"龙"与"凤"，大多指的是职业中有真知灼见的商界前辈，他们可以作为你的向导、领路人，可以在你需要解答职场难题时提供有价值的帮助。他们的经验、特长、技能可以让你学习很多，有了他们的扶持和帮助，奋斗的路上犹如踏上了快车，可以更加迅速和顺畅。

　　美国前总统克林顿走上政坛之前，曾梦想成为一个音乐家。可是，当他在白宫遇到了当时的美国总统肯尼迪后，人生方向就发生了改变。克林顿最终放弃了当音乐家的梦想，走上政途。如果没有肯尼迪这位"贵人"的出现，美国政坛就会缺少一位出众的政治家。

　　而世界成功学的著名研究者安东尼·罗宾同样也是在事业上碰到了"贵人"——吉米·罗恩。在吉米·罗恩的帮助下，安东尼·罗宾确定了自己的研究方向，并在成功学方面取得了不俗的成就。

　　据有关数据显示，企业高层领导中，近百分之九十的人都曾经得到过"贵人"的赏识和提拔。一个人即便再有才能，也离不开"贵人"的帮助。你要善于为自己寻找"贵人"，借助"贵人"的臂膀实现梦想。

　　寻找"贵人"最主要的是要引起"贵人"的注意，从而让他产生结识自己的念头。你可以通过熟络的关系人来引见自己，或者根据对方的兴趣爱好，在某一场地提前做好准备，制造偶遇，并在共同的话题探讨中增进了解。

　　中国著名的诗人徐志摩，就是在"贵人"的帮助下，成就了深厚的文学造诣。当时年仅15岁的徐志摩发现，自己在文学方面没有太大的天赋，他迫切地希望能够有一位名师来指点自己。徐志摩听说梁启超是一位非常出色的老师，在文坛也具有很高的声誉，他便决定前去拜访。

　　为了接近名师，徐志摩想尽了一切办法。最后他想到自己的表舅与梁启超关系很好，便找到表舅，希望表舅能够帮助自己联系梁启超。表舅爽快地答应了他的要求。不久，表舅向梁启超推荐了徐志摩。后来，梁启超不仅成为徐志摩的老师，还成为徐志摩的好友。在名师的辅导下，徐志摩的诗歌创作水平突飞猛进，最终在文坛占据了一席之地。

　　有些人认为与老板过多的接触，会被人误解是趋炎附势。其实只要你在做好本职工作的基础上，寻找"贵人"的帮助，这也是一种合理的手段。在增进与领导的感情的基础上，扩大自己的发展平台。

　　结交"贵人"也要把握技巧，注意火候，同时要有察言观色的能力，否则就会引起对方的反感，与机会失之交臂。为了更好地融入"贵人圈子"，应着重避免以下几点。

（1）开口客观

说话时尽量尊重客观事实，不要歪曲事实。即便是遇到了位高权重之人，也不能由于情绪激动就信口开河、歪曲事实。在对方需要你的帮助时，你应该得体地去帮助对方，让对方感受到你的善意，而不是功利性。

（2）向他人表达善意

俗话说："好话一句三冬暖，恶语伤人六月寒。"在与人交谈时，不管对方的身份如何，都应该表达出你的善意，把握好分寸。不能用有色眼镜去看人，更不能在说话的语气上区别对待。只有能够在各个人际圈穿梭自如的人，才能更加受到大家的尊重。

（3）坚守立场

交际中，很多人对待位高权重之人会一味地顺从、迎合。其实在与这些人的接触中，如果遇到分歧，不建议直接与其发生争执，但也不能丧失自己的立场。而是可以采取一种委婉的方式迂回作战，既让对方接受你的意见，同时留给大家一种彬彬有礼的印象。

总之，结交不同身份的"贵人"要采取不同的策略。能够灵活地具体问题具体分析，善于变通，这样才能更好地依靠"贵人"的阴凉，斩断荆棘，勇往直前。

▶▶▶ 思 考

1. 徐志摩的故事给你带来哪些启示？

2. 你如何理解攀龙附凤和趋炎附势？

身处职场，这样经营人脉圈子最有效

> 不管是血缘人脉、事业人脉、客户人脉，还是行业人脉等，人脉圈子在人的一生中都起着十分重要的作用。职场人要想提升自己的竞争力，就要善于经营人脉，将自己掌握的各项资源进行整合，让其发挥最大的效用。

在日常状态下，就要养成搜罗"精英人物"信息的习惯，用以经营自己的"人脉圈子"。俗话说："一人成木，二人成林，三人成森林。"说的就是想要成就大事，应该有成大事的人脉网络作为基础。不能因为担心花费时间、精力、必要的金钱就选择放弃经营"圈子"，否则损失的东西会在以后花费你双倍的代价来弥补。如果等到需要的时候才去花费本钱经营自己的人脉"圈子"，那就为时已晚了。

如何做到有创意、自然地经营"圈子"，延展人脉呢？职场中的你可以从以下方面来努力：

（1）把握机会，主动联系

提升人脉竞争力的方法有很多种，但是最常用、最有效的方法就是主动沟通。自信地与他人进行交流和沟通，不要惧怕被拒绝，就能较为容易地打破你与对方之间的尴尬。在必要的时候可以大方地通过赞美、讨论、介绍等方式与对方建立联系。工作、生活中其实有很多经营"圈子"的机会，比如出席大型商务活动时，你可以选择提前到场，与周围的人打招呼，多认识一些同行业的人，主动向对方介绍自己，给他人树立大方、得体的第一印象。

（2）用心设计一张属于自己的名片

适当地向别人分发名片也是十分必要的一种沟通方式。一张特点鲜明，内容精练的名片可以为我们的形象增分不少。在一些重要场合，我们常常需要与他人互换名片。这就需要我们在接收到名片后，记住与我们交换名片的人的特点，等聚会或会议结束之后，可以尽快地根据回忆完善对方的信息资料，以便于接下来的了解。

此外，我们还需养成经常翻阅名片的习惯，如果在节日、生日等特殊时刻通过电话、短信等方式，向对方送上自己的诚挚祝福，如此一来，一定会给对方留下深刻的印象。

（3）注重"圈子"的长远价值

扩展"圈子"、人脉的时候，还要注意"圈子"的深度和广度。要尽量多结交一些不同身份，不同职位的人，才能提升自己职业发展的维度。为此，你可以通过扩大自己的接触面来实现这一目的。比如可以在周末、假期多参加一些聚会、社团。在同样的兴趣爱好之下，与对方产生自然的联结，从中接触到不同的人群，既扩展了人脉圈，也开阔了自己的事业。

但需要注意的是，哪些社团是对自己有益、是应主动参加的；哪些活动是对自己无益，是应拒绝的，我们都应该做到心中有数。要在明确原则性的基础上进行选择，不能为了扩展人脉而盲目地全部参与。

（4）利用熟人资源，螺旋式经营

一个人的能力再强大，其精力和时间也是有限的。如果能通过身边的熟人结识一些优质人脉，可以让你的"圈子"呈现螺旋式扩展的趋势，具有增倍的能量。并且熟人之间本身就比陌生人直接相识多了一些信任的程度，培养关系的机会也会更多。利用熟人资源可以帮助你节省结识新人脉的时间成本。

如果你准备参加一些商业活动，可以邀请自己的朋友来参加，并说："欢迎你带着其他的朋友一起来参加活动。"一句简单的话，可以为你带来意想不到的人脉资源。如果能够养成这种习惯，当你身边的熟人有了相关人脉之后，会在第一时间主动介绍给你。

（5）互惠互助

如果一心只想从人际圈中获得利益和好处，而不付出，那是一种极度自私的行为。长此以往，就会逐渐损失掉已经初建成的人脉资源。尝试真诚、主动地帮助对方。有时候如果你不需要朋友的帮忙，也别轻易拒绝朋友的好意。互相帮忙的过程中可以加深你与对方的感情，增进联系。

（6）用心选择时间和地点

与人接触、交往中应该注意对时间、地方的选择。如果选择对方忙碌或者情绪低落的时候进行联络，就需要注意措辞和方式了，如果不顾他人情绪如何，而盲目地与其沟通，往往不会取得很好的沟通效果。比如当你的老板为某项任务忙得焦头烂额时，你走进办公室想与他探讨自己的发展规划，老板根本不会耐心倾听，反而会觉得你没有眼色。试图与他人沟通时，用心选择适合的时间和地点，将更加利于与其顺利地建立联系。

（7）善用语言

经营"圈子"就应该懂得见什么样的人，用什么样的风格来与其进行沟通。有的人习惯于婉转的说话方式，你就不能太强势；有的人喜欢熟悉之后再探讨工作、生活，你和对方接触时就不适合太直接；有的人习惯直来直去，你在对话中就不能太晦涩。

掌握了以上几种方法，再加上你的真心和诚心，人脉"圈子"一定会被经营的有声有色。

 思 考

1. 你在日常工作中，是否具有经营"圈子"的意识？

2. 你如何看待熟人资源、螺旋式经营这一理念？

既要融进老板的"圈子"，更要不断充实自己

> 福特公司的员工们盛行这样一句话："在你的职场生涯中，知识具有和牛奶一样的保鲜期。如果你不能及时地更新知识，那你的职业生涯会很快失效、衰落。"在职场中，员工应该将不断地学习作为一种动力和目的。常备上进和努力的心态，才能在事业上达到更高的目标，得到最好的发展。

随着经济的快速发展，企业经营已经进入了全球化和知识化发展阶段。这对企业的员工提出了更高的要求，那就是必须会学习。善于学习的人可以在工作中随机应变，即便是遇到全新的挑战，也不会手足无措。

美国电子产业协会副主席巴里·杰林斯很早的时候就计划进入电子领域发展。他先考取了经济学硕士，后来又到一家小型公司实习了一段时间，在此期间，他学习到了基本的工作专业实践技能。

被通用电气录用后，巴里·杰林斯发现自己的老板总能一心多用，一边完成工作，一边还关注着世界经济发展动态。于是，他将这种工作方法学到手——对于老板下派的任务及时完成，同时也紧跟世界形势和宏观经济发展情况，观察市场详情。勤恳好学的巴里·杰林斯很快得到了老板的

赏识，一路升职加薪，让其他同事们羡慕不已。

员工无论是跟随老板工作，还是努力地走进老板的"圈子"，抑或是找寻各种各样的机会接触不同的人群，目的都是为了通过与他人的接触丰富自己的社交、学习能力。好学者即使一开始做着最普通的工作，但是在坚持学习和刻苦努力之后，都可以收到丰厚的回报。

进入职场后，每个人都会经历一段去适应环境，同时心理也在不断成熟的过程。熟悉工作后应该由依赖他人转为依靠自己，并逐步向独立学习的阶段变化。成功的老板们都有着很强的自我指导能力，会对自己的语言和行为负责，形成独立的思考和判断。跟随老板工作，不能只关注工作，而要多学习他的工作思路和方法，学以致用，才能让这些经验都转化为自己的财富。

很多在职人员都是出于职业发展需求才会强迫自己去学习，他们在工作、生活中担负了很多的责任和义务，他们必须去学会适应角色的转化和不同环境的变迁。IBM 公司的大楼上写着这样的字"学无止境"。IBM 公司每年都会支出一笔数目相当可观的开销用于员工的事业化培训。培训中，虽然每个学员都面临强大的学习压力，但很少会有人抱怨。他们知道，只有不断地学习才能在行业中占据领先地位。

要想成就一番事业，必须要有资本。资本来自哪里？就来自你在职场不断学习的过程当中。通过学习，你可以改造自己的内在品性和外在的工作能力。"欲胜人者必先自胜"，与老板接触的过程中应该用心学习，才能充实自己的经验。

二十世纪末，奥普浴霸在国内的发展势头十分强劲，这归功于董事长方杰的学习意识以及团队的协作。早在澳大利亚留学的时候，方杰就有意识地到澳大利亚最大的灯具公司打工，他的目的不是为了赚取外快，而是为了学习相关经营、谈判经验。几年的学习之后，得到老板重用的方杰成为了澳洲身价第一的职业经理人。

公司之间员工竞争，实际上就是学习能力的竞争。把握住每次学习的机会，才能适应飞速发展的社会，才能不被时代所淘汰。

在职场中学习，应该端正学习态度，这是影响学习效果的重要因素。不要试图为自己的懒惰和不自信寻找借口，敢于付出精力学习的人才可以学到真本事，成就大事业。

另外，还要掌握科学的学习方法，树立明确的学习目标。有了学习目标可以提高我们的学习积极性，而良好的方法可以让学习更加有效率。

学习是一件可以直接将外在知识转化为自身魅力的过程。职场中每日发生着千变万化，唯有时刻以学习警醒自己的人，才能够在同事和老板身上学习到更多的优点。一个胸怀大志的人，必定是一个肯于学习，懂得向老板看齐的员工。

▶▶▶ 思 考

1. 巴里·杰林斯的故事给你带来哪些启示？

2. 你在职场中，具有不断学习、进取的意识吗？请分享一两个真实的故事。

总能感恩，就处处遇贵人

> 很多员工缺乏感恩的意识，他们频繁跳槽，永远不满意自己所得到的待遇，同时又不肯付出努力去对待工作。忘本的员工不会得到长久的发展平台，也不会留住身边的贵人。

一些成功之人在谈到自己的经历时，会夸大强调个人努力的因素。而事实上，每个在事业上获得成就的人，都或多或少得到过来自领导、前辈的帮助。知恩图报是员工继续前行的助推器。正所谓，出师不能忘本。良好的品德是员工在行业内树立形象和口碑的重要因素，也是员工融入新的"圈子"时能否被接纳的重要评判方面。

一个人若能够谨遵道德约束，尽量为别人考虑，在利益、诱惑面前也不会见利忘义，那么这个人总有一天会成功。

曾国藩出生于晚清时的一个地主人家，在这样的成长背景下，很多人既感叹他的卓越成就，同时又费尽心思寻找他在官场、生活中的破绽。可是，人们发现曾国藩对自己的要求十分严苛，道德方面更是谨遵家族教诲，从没有失礼的地方。"穷不失志，达不忘本"也是曾国藩的座右铭，即便是取得卓越的官职地位后，他也不会向诱惑低头，不会忘记帮助过自己的恩师。

真正的成功者不会见利忘义，饮水忘源。而在现代职场中，人们总会遇到这样那样的诱惑，还会有无数唾手可得的利益向你挥手。你是否能够抵挡住诱惑、成功经历考验呢？忠诚的员工是绝对不会见利忘义的，他们懂得回报，知晓感恩。

作为世界知名的汽车集团公司，福特公司就不乏这样的优秀员工。有一次，福特车间里的一台马达突然停止运转，所有的工程技术人员都无法解决这个问题。后来，他们将一位叫斯坦因曼斯的技术工人请了过来。这个人原本是德国的工程技术人员，初到美国时，没有哪家公司肯雇佣这么一个外国来的穷困小子，一家小工厂的老板欣赏他的才能，并向他伸出了橄榄枝。

斯坦因曼斯来到这台坏了的马达面前，仔细地听了听，随即用粉笔在马达的一个部分画了一道线，说："这儿的线圈多绕了一圈。"员工们将信将疑地按照他说地打开了马达，并更改了线圈的圈数，马达果然修好了。

听闻这件事情的亨利·福特马上找到斯坦因曼斯，劝说他来到自己的公司。可是斯坦因曼斯却坚定地拒绝了他的邀请，并解释道，自己现在所处的公司对自己有知遇之恩，他不愿跳槽。这更加令福特欣赏他了，这个员工明明可以跳槽来到福特公司享受更好的待遇，却因为感恩老板的恩德不想跳槽。无奈之下，渴求人才的福特只好将斯坦因曼斯所在的那家小公司收购，这才得到这位难得的人才。

很多员工缺乏感恩的心情，他们频繁跳槽，永远不满意自己所得到的待遇，同时又不肯付出努力去对待工作。忘本的员工不会得到长久的发展平台，也不会留住身边的贵人。

懂得知恩图报是一种高尚的职业道德，不仅是社会、公司的需要，也是一种个人品质的需求。在如今的社会中，感恩不是一种单纯的付出，而是能够让我们受益终生的优秀品质。我们通过良好的修行获得的声誉与支持的力量都是一笔笔不可言明的财富，我们将因此在人际"圈子"中变得更加具有竞争力，为自己的履历增添几分色彩。

古语有言："天之生人也，使人生义与利，利以养其体，心不得义，不能乐，体不得利，不能安。"君子都是重视仁义的，每一个身处复杂职场的人更应该明白这个道理。

▶▶▶ 思 考

1. 福特公司的故事给你带来了哪些启示？

2. 你是懂得"知恩图报"的员工吗？请分享一两个真实的故事。

Chapter ^{6}

像好老板一样思考：

拥有老板思维，职业成功是迟早的事

善于思考：越忙越要能暂停下来思考

养成思考的习惯，能够让员工保持一种饱满的工作热情。虽然不同的员工对于工作有着不同敬业的表现，每个人的表现方法也不尽相同。但善于思考是优秀员工通用的方式，思考可以将员工对于工作的投入程度最大化地转化为工作能量。

作为企业财会部门的主管，马俊每天的工作都十分忙碌。可是他却发现自己部门的员工小王每天过得十分"轻松"。常常是领导到现场了，小王才赶紧做做样子。大多数情况下，小王都是一副无所事事的状态。碍于小王是公司副总经理介绍来的员工，马俊虽然对小王的行为感到很生气，却也只能看在副总经理的面子上睁一只眼闭一只眼。

可是这样一来，小王觉得领导不严厉，工作起来更没了动力。公司规定 8 点上班，他总是在 7 点 59 分的时候，才踏着点走进办公室。如果当天的工作没完成，他总会拖到第二天再做。而如果部门出去聚餐、度假，他则总是冲在第一个。小王的好吃懒做已经在部门内部都出名了，马俊也拿他没办法。

一年之后单位进行绩效考核，小王的成绩可想而知。第二年，公司清退员工时，小王的名字排在第一位……

一个只会享乐，不肯吃苦，整天浑浑噩噩的员工，不会有好的职业发展，更别提美好前程了。那么，我们应该如何避免小王的悲剧重演呢？

（1）思想先于行动

做事情的时候，要做一个善于思考，思想先于行动的人。如果鲁莽行事，说话办事都不用心去思考，事情只能越办越糟糕。职场中，一个心思缜密的员工，才能表现出强大的执行力，得到老板的重视，受到同事的赞许。

（2）对工作认真负责

大多数员工都认为，只要能按时上班，不早退，就是对工作的负责了。其实工作并不是一个程序化的东西，而更多的是一种对工作的热情。往往那些踏实、勤恳，又善于思考的员工，才会得到老板的偏爱。

（3）保持饱满的工作精神

养成思考的习惯，能够让员工保持一种饱满的工作热情。虽然不同的员工对于工作有着不同敬业的表现，每个人的表现方法也不尽相同。但思考是优秀员工通用的方式，思考可以将员工对于工作的投入程度最大化地转化为工作能量。

很多员工每天仅仅是带着一副皮囊来到公司，他们的眼神是空洞的、迷茫的。在固定的时间打卡、签到、开始工作、领薪水，这就是他们的工作模式。周而复始之后，他们对于工作变成了一种麻木的状态，不再关心自己的发展前途应该怎么走，不再关心自己与老板、同事的人际关系应该怎么处理。这种消极的情绪和状态甚至也会在家庭生活中表露无遗。这样的员工不善于思考，更不能够全身心地投入到工作当中。

当员工的工作被一种消极的冷漠意识所支配，工作激情、创新能力也就无从激发。这样的员工能带给公司什么样具有价值的业绩呢？

对于一家企业、一个老板来说，他们需要的不是每天规规矩矩地出现在公司的员工，而是那些可以把握机会，展示自己能力，将热情、自信、思维能力运用到工作当中的员工。老板们希望自己的员工能够考虑周全，带着积极的头脑工作。当他们发布工作指令时，员工可以准确地领会自己的意图，并按照要求完成任务。

员工要知道自己工作的意义到底是什么？现在做的工作需要自己承担什么样的责任？而自己又有什么样的权利？正是这些细微的问题，表现出了优秀员工和普通员工的差别。

美国著名的记者兰德尔·斯特劳斯曾经这样描述微软公司带给他的感受："当我有机会近距离观察微软公司的日常运行时，震撼我的不是这家公司的市场占有率，而是它拟定一项决策时的深思熟虑。这家公司已经将思考渗入到了自己的血脉当中。微软的员工都很聪明，有着良好的管理方式，他们也都是思考能力很强的人。"

在竞争如此激烈的时代，要想在职场中出类拔萃的秘诀就是，随时思考，随时改进。进入一家公司，不能单纯地依靠领导的指令去工作和学习，而应该运用自己的判断力，进行思考性质的工作。遇到问题，随时具有改正工作方法的意识，在不断思考的过程中，完善自己在工作中的表现。

成功是属于那些善于深思熟虑的人，而不是只会用冲动解决问题的人。养成思考的习惯，才能经常在大脑中碰撞出智慧的火花，才能让自己跳脱出束缚的"圈子"。

凡是成功的老板，都是积极主动，善于思考的人。他们对于事业有着一份热忱，可以在工作中付出巨大的热情和创造力。

"牛仔大王"李维斯在创业的时候，就善于思考，并不断改进自己的类型。每当在工作中遇到问题，他都会认真地问自己"问题出在哪里"，找到问题的根源后，他就会开动脑筋想出应对的措施。李维斯会在解决问题的过程中，将这些内化成自己的技能，并且在接下来的管理和经营中尽量避免出现类似问题。善于思考，敢于正视自己不足的他，后来成为世界牛仔品牌的著名领导者，也成为员工眼中的学习楷模。

懂得思考的真谛，并付出踏实的努力将思考付诸于行动，是职场精英应该有的状态。工作态度反映着员工人生的标尺，也决定了员工未来的发展空间！

 思 考

    1. 小王的故事给你带来哪些启示？

    2. 浅谈你如何理解"成功是属于那些善于深思熟虑的人，而不是只会用冲动解决问题的人"这一句话？

全局思维：以整体的眼光看问题

> 企业活动中，无论是掌握着巨大领导权的老板，还是普通的员工，抑或是市场中的消费者，他们都是一个运营链条环环相扣的组成部分。没有对整体的把握，就没有对细节的充分理解，也就无法保证某个项目或任务的顺利进行。

有个少年继承了父亲留下的葡萄园。他觉得葡萄园的篱笆没有什么用处，只是摆在那里，又不能结出葡萄。于是，他将葡萄园周围整齐的篱笆全部给拆除了。殊不知，没有了篱笆的保护，路过的人们和偶尔来觅食的野兽便可以随意进出葡萄园。没多久，所有藤上的葡萄全部被摘光了，连架子也被毁坏了。少年这时才恍然大悟，虽然篱笆单独摆放在那里看着没有用处，可是它和葡萄园是不可分割的一个整体。

这则寓言向我们说明了一个简单的道理，即应该关注事件发展的整体，而不能只从片面看待问题。好老板都能从整体出发，将问题对象分解成几个部分，然后从整体与部分、部分与部分的相互联系和作用中认识、分析对象，并且找到解决问题的办法。

美国人民航空公司一向运营良好，可麻省理工学院系统动力学教授约翰·史德门却在一次采访中预言："这家公司不久之后必定会倒闭。"两年过后，这家航空公司果然因为经营不善而倒闭。记者再次采访史德门教授追问他当时做出那样判断的原因。史德门教授坦言，他之所以对彼时经营良好的公司做出"倒闭"的判断，是因为他从全局的角度对航空公司的内部结构进行了一个系统的观察。结果他发现公司内部很多部门和系统建设并不完善，而公司制订的发展计划节奏过快，那么整个公司运转的过程中就一定会出现问题。

如果当年这家航空公司的领导人可以从整体出发，综合分析公司经营中的各种问题，或许公司有可能出现转机。另一方面，正因为史德门教授运用了整体动态的思考方法，才能够透过航空公司经营的情况看到问题的本质。

以整体的眼光看问题，是把系统中的各个要素、各个方面结合起来综合分析，便于思考对象得出更加客观、具有操作性的意见和观点。既要能够看清事物的多个方面，也要能够将这些方面全方位地综合起来进行分析和研究，才能更加透彻地认识问题。

企业活动中，无论是掌握着巨大领导权的老板，还是普通的员工，抑或是市场中的消费者，他们都是一个运营链条环环相扣的组成部分。没有对整体的把握，就没有对细节的充分理解，也就没有一项工程、任务、项目的顺利成功。

陈青是山东潍坊一家食品加工企业的营销部经理。她工作时有个习惯，每当需要和其他部门一起合作完成某个项目时，她不仅仅会监督自己部门的员工做好本职工作，还会认真考量合作部门一方的工作进度。对方如果有需要协调帮助的地方，她总是能够慷慨解囊，及时帮助。

很多员工不理解为什么自己的部门经理总是这么繁忙和劳累，还要替别的部门操心。陈青解释说，项目本就是需要合作才能完成的，如果仅是自己这一方将工作做好，而对方没有及时跟上脚步，从整体来说，这个项目就是失败的。从整体把握问题，将眼光放长远，是陈青在三年期间实现职场三级跳的重要因素。

以整体眼光进行思索，从全局的角度进行探索和分析，可以让员工的工作变得更加具有效率，成果更加具有信服力。关注整体，员工需要明确工作任务，以充分地理解背后蕴含的要求和长远意义。在此基础上，可以明确这项工作的具体价值。然后才能逐步地制订出工作目标和计划，设定解决问题的方式和方法。

事物之间都是相互联系、制约的。员工在工作中唯有以整体眼光看问题，才能理清楚问题的关键和要害，才能在工作中避实就虚，从而更加出色地完成事业的考验！以整体、全局的眼光看待问题，善于综合性地对局部进行联结分析，还需要员工分清楚策略的步骤顺序。不管是一件多么简单的工作，都应该有完成过程的先后进行步骤。这样才能充分地发挥员工的洞察力，更好地突破难点和重点。

除此之外，员工应该明确自身的优势和特点。掌握了自己的优势，就是掌握了解决问题的方法。确定了自己的优势，也就决定了从整体看问题、解决问题的突破口。

思考

1. 约翰·史德门和陈青的故事给你带来哪些启示？

2. 浅谈你对工作中"整体"和"局部"之间的关系的理解。

多角度思维：换个角度，结果大不相同

> 面对工作或面对生活时，员工不应该再以常规思维去惯性思考，要懂得灵活变通，才能跨越思维的横栏，感受到"柳暗花明又一村"的惊喜。多一些角度，工作、生活将会变得多一点不同。

在《韩非子》中记录了战国时期的一个故事：鲁国有一个十分擅长纺织麻鞋的人，他娶了一位妻子，同样是个纺织能手。成亲后二人就去越国做生意。邻居不理解地对他说："为什么非要去越国呢？那样你会失败的。"鲁人问其原因，邻居解释道："你善于纺织鞋子，可是越国人习惯光脚走路；你的妻子擅长编制做帽子的绸缎，可是越国人平时都披头散发的，从不戴帽子。你用这样的技术去越国做生意，怎么能不失败呢？"可是，鲁人没有听取邻居的意见，而是毅然携带家眷去了越国，他坚信凭借自己夫妻二人的手艺，一定能够在当地市场闯出一片天地。

几年之后，鲁人非但没有失败，反而通过越国的生意赚了个钵满盆满。

大多数人的思维意识中，做鞋帽生意的商人，一定要选择对此有需求的地区去经营，才能成功。如果去了一个不戴帽子，少穿鞋子的国家肯定会失败的。因为没有需求，哪来的市场呢？但是鲁人打破了惯性思维，他换了角度思考问题，认为正因为越国人的鞋帽市场是空白区域，才更加具

有无限的市场潜力。鲁人成功的秘诀就在于，换个角度看问题，使他开拓了不同的视角，收获了成功的机会。

多角度看问题，也是一种充满变通智慧的做法。只要你用心去寻找方法，看似困难的事情都可以因为变通之后的其他视角而得到解决。

二十世纪六十年代中期，杜德拉在委内瑞拉的首都加拉加斯经营着一家小型玻璃制造公司。可是曾经学过石油工程的他不满足于做这个行业，他认为只有石油才能实施自己的才干，并为自己创造丰厚的利润。他下定决心，要开始进攻石油行业。

一天，杜德拉从朋友那里得知，阿根廷政府准备从国际市场上采购一批数额巨大的丁烷气。杜德拉认为属于自己的机会终于来到了，他立刻前往阿根廷，准备将这个合同拿到手。

来到阿根廷之后，杜德拉才知道不仅是他注意到了这块"美味"的市场，英国石油公司和壳牌石油公司两个行业龙头企业也在着手准备争取那份合同。想想自己要和这两家资本雄厚的公司竞争，杜德拉感到了巨大的压力。

但是他并没有就此罢休，而是选择从另一个角度进行突破。杜德拉的朋友告诉他，现在阿根廷的牛肉过剩，急需外销。杜德拉仔细想了想，立即去找阿根廷政府谈判。他对阿根廷政府有关负责人说："如果我买下 2000 万美元的牛肉，你们就买下我这里的 2000 万美元的丁烷气吧。"为了将滞销的牛肉赶紧推销出去，阿根廷政府接受了杜德拉的提议，将购买丁烷气的合同给了他。

杜德拉再次收集信息，得知西班牙有一家船厂濒临倒闭的消息。于是，他赶到西班牙，与西班牙政府商谈说："如果你们从我这里买 2000 万美元的牛肉，我就向你们的船厂定制一艘价值 2000 万美元的巨型油轮。"西班牙政府也同意了这个看似很优惠的交易，当场签署了合同。

可这时丁烷气的货源还未解决，于是杜德拉来到美国石油公司，他说："假如你们能用 2000 万美元租下我的邮轮，我就买你们公司 2000 万美元的丁烷气。"于是，变通中找到出路的杜德拉顺利地解决了一系列的合同的关键环节，赢得了职业生涯中的第一桶金。经过几年的经营，杜德拉成为委内瑞拉石油行业的领军人物。

像杜德拉一样的商业奇才，在商界并不少见。他们充满了智慧和胆魄，能够随时随地创造有利条件，自由转变角度，进行变通，最终化解了一个又一个难题。他们之所以成功，也正是因为他们的多角度看问题的意识和变通能力。

想要做好工作，获得成功，就更需要借助多角度看待问题的思维方式。当你遇到那些非常规问题时，只要转变角度"曲线救国"，就能节省完成任务的时间，提高效率。

思维的定式总是会令员工们困扰，员工们有时候会抱怨时运不济，甚至开始怀疑、质疑为什么环境总是对自己这么苛刻。这种负面思维形式很容易使员工们在消沉的气氛中丧失勇气和信心。其实，深思之后可以发现，很多时候失败的原因正是因为员工们没有走出"狭隘思想的条条框框"。学会换一换角度，也许新的世界就出现了。

面对工作或者面对生活，员工不应该再以常规思维去惯性思考，要懂得灵活变通，才能跨越思维的横栏，感受到"柳暗花明又一村"的惊喜。多一些角度，工作、生活将会变得多一点不同。

 思 考

1. 你在杜德拉的故事中得到了哪些启示？

2. 职场工作中，你具有"惯性思维"还是"多角度思维"？

团队思维：好老板总在努力让 1+1>2

> 一个人的工作能力是有限的，当他与其他同事同心齐力地合作时，就会产生 1+1>2 的效应，团队合作不仅可以发挥每个人的优势和作用，还能够凝聚成巨大的团队效应。

在西点军校，人们信奉这样的理念："大家团结起来，有利于创造集体观念的气氛。"在西点军校中，所有的战士和教官之间都会保持着良好的协作关系，如果有一个人需要帮助，其他人一定会伸出援手。在他们看来，一滴水要想永远不干涸，最好的方法就是融入大海的环境中。不管再微小的力量，汇集到一起都会形成极其强大的力量。

西点军校有这样的一种考核机制：在小组考核中，如果只有一个人装备完毕，完成任务，而不顾其他的战友，那么同样会受到教官的斥责。教官们不会表扬一个没有团队精神的战士，而注重团队精神也成为西点提倡的重要课程内容。

职场上同样如此，一个人的工作能力是有限的，但是当他与其他同事同心齐力地合作时，就会产生 1+1>2 的效应，不仅可以发挥每个人的优势和作用，还能够凝聚成巨大的团队效应。

团队精神在职业素养和品德中尤为重要。团队之间相互协作，可以将分散的力量凝聚起来，积木成林。

无论是什么职位的员工，都应该以公司的整体利益为出发点，在正视自己的前提下，尽力去发掘同事、合作伙伴的特点，从而更好地取长补短，进行高效的团队合作。如果一个个体再优秀，但不能与团队相融合的话，在职场上也不具备多么深远的发展潜力。因为这样的人大多无法树立良好、稳定的人际交往圈，工作起来会受到很多的阻碍。对于职场人来说，一个人的成功并不意味着真正的成功，员工所在的团队取得了成功才是真正的成功。

《华尔街日报》曾做过一个相关的调查研究，结果显示 85% 的企业在招聘管理岗位的人才时，最注重的特质就是应聘者是否具有出色的团队合作能力和组织、沟通能力。

一个人只有尊重和忠诚于自己的团队，才能得到别人的支持和帮助。德国的企业十分重视一个人的"人品管理"，因为老板们普遍认为，一个品行良好，能与周围人和谐相处，善于帮助别人的人，会对公司产生更加深厚的感情。

现代企业的竞争很大程度上就是团队协作能力的竞争。团队精神是企业走向成功的重要保证，是能在竞争中脱颖而出的重要武器。

有人曾经进行过这样一项统计，在诺贝尔得奖的项目中，通过合作研究而获奖的占到得奖总数的 68% 以上。而在诺贝尔奖设立的前 25 年中，合作获奖的只占到 40%，现在已经呈现出逐年递增的趋势。可见团队协作的理念正在改变着人们的思维。

想要获得成功，就必须学会与人合作。员工们应该摒弃自己的独断思想，努力发掘合作伙伴的优势和特点，这些可以让员工拥有一个充满斗志和灵感的工作环境，同时也能让他们体会到与伙伴合作的巨大潜力。具体做法如下：

（1）保持个性化特点

团队之所以形成，就是因为有不同个性和特征的员工存在，这是团队保持独特魅力的基础。所谓的团队精神不是去异存同，而是不同的组成要素整合在一起，而后朝着一个方向努力。

（2）互相尊重

团队中每个人都应该有自己适合的岗位，最大程度地给予员工们个性化培养方案，才能够保证团队成员们都可以发挥自己的特长和优势。

（3）善于合作

团队合作是一种核心工作方式，前提是每个人都可以顺畅地与周围的人进行交流和沟通，这有利于彼此之间分享信息，讨论制定出最完善的策略。培养团队合作氛围，可以有效地进行资源分配和任务分工，节省资源与时间，从而提高团队运作效率。

（4）树立一致的价值观

树立一致的价值观是员工形成团队凝聚力的首要前提，只有价值观一致才能朝着共同的奋斗目标进发。

陈骁是杭州一家科技公司研发小组的成员。他是从技术部门直接提拔选入研发小组的人，所以有点沾沾自喜，甚至在工作中变得独断起来。陈骁的搭档李文是一个毕业于普通大学的老员工，陈骁看不起李文的背景，在研发项目的过程中有几次故意不和李文认真合作。

很快，组长找到了陈骁并严厉地批评了他：“你以为自己的背景比别人的优势大？我们是要看工作成果说话的。你不与其他同事合作，怎么能够完成我们的项目？况且，你仔细观察看看，其他同事身上有你不具备的优点，你如此缺乏学习和团队合作意识，怎么能在职场中有所建树呢？”

组长的话让陈骁羞愧不已，静下心来后，陈骁也发现，虽然李文的专业背景和计算机实际操作能力不如自己，但是他应对项目操作的经验丰富，研发能力和创意要比自己出色很多。

陈骁改变了自己的看法，在工作中主动和李文合作起来，而李文也大方地帮助陈骁解决了很多实际问题。两个人在团队合作中一起进步，各自负责的工作内容获得了领导和同事的肯定，团队项目也提前了一周完成。

　　找到团队精神的精髓，找寻共同的努力方向，才可以实现业绩突破。但需要注意的是，不是所有的合作都会产生 1+1>2 的效应，如果合作双方没有一个共同的发展目标，不能全心全意地在项目中共同努力，最终只能令合作变了味道，结果也不会令人满意。进行团队合作，就要努力做出高效型合作，形成真正的协作精神，这才是实现目标的有力保障。

▶▶▶ | 思 考 |

1. 陈骁的故事给你带来了哪些启示？

2. 你如何理解"1+1>2"这一理论？

双赢思维：好老板都能换位思考，为对方着想

> 双赢可以提高团队的凝聚力，增进员工自身与老板、同事、客户之间的关系，有助于员工以饱满的斗志和精神开展工作。明智的企业家都会以双赢的思维谋求企业与员工互利发展。

曾经获得诺贝尔经济学奖的莱因哈特·赛尔顿曾经提出过一个名叫"鹰鸽博弈"的理论：假如有一场比赛，参赛者可以选择与对手合作冲击胜利，也可以选择与对方竞争。如果选择与对方合作的话，双方可以避免在斗争中浪费时间和精力，结果就可以像鸽子一样分享胜利奖品；如果选择与对方竞争的话，那么双方就会像老鹰那样发生激烈战斗，即便是最后有一方获胜，也会因为战斗而受伤。

现实生活中，人们为了达到自己的目的，有的人拼尽全力与对方竞争、搏斗，有的人则选择了向对方伸出可以互惠互利的双手，共享"双赢战果"。

美国石油大亨保罗·盖帝在接触石油之前，是一个种田的乡下小子。有一次他挖水井时，发现地下冒出很多黑稠的液体。保罗·盖帝后来才知道，这些液体就是石油。不久之后，他开始雇佣工人们对这片油田进行开采。可是他发现，工人们对待这片油田的态度很松懈，如果没有保罗的监督，工人们就会怠工，即使看到石油浪费的状况也不会主动去管。尽管保罗再

三叮嘱，可还是不起作用。

为了解决这个问题，保罗·盖帝去咨询了一位管理学专家，专家的一句话点醒了保罗："那片油田是你自己的，和工人们没有什么直接联系。"于是他将工人们召集起来，并宣布这片油田的经营股份中，将分给工人们25%。这个决定公布之后，工人们立即打起了十二分精神。保罗·盖帝巡查的时候，再也没有浪费石油和消极怠工的情况发生了。

保罗·盖帝能够最后建立自己的石油王国，和他双赢的经营理念是分不开的。

双赢可以提高团队的凝聚力，增进自身与老板、同事、客户之间的关系，有助于员工以饱满的斗志和精神开展工作。明智的企业家都会以双赢的思维谋求企业与员工互利发展。

要培养自己的双赢意识，就要培养自己主动工作的习惯，以及开阔的思考方式。这样才能在自身具备资质的前提下，去平衡付出与收获，才能学会换位思考，同时维护自己的利益。那么，日常工作中，该如何实现双赢呢？

（1）学会求同存异

所谓求同，不是单纯地找寻共同的奋斗目标，而是学会将资源进行合理、有效地整合。

国内一家大型物流公司在招聘新人时，会在应聘人员中组织一个"小组汇报"的环节。有的应聘者作为小组代表发言时，会将自己和组员之间相同的观点清晰地阐释出来，对于组内成员有分歧的地方，汇报者会避重就轻。而出色的汇报者会将组内成员之间不同的观点都以完美的逻辑语言表达出来，并且适当地发表自己的看法。这样既能表现出小组成员们的高水平，还可以表达自己的独到见解。那些具有求同存异意识的应聘者最终在群体面试中脱颖而出，赢得了领导的认可。

（2）杜绝所谓的"内耗"

团队合作中，难免会出现意见不统一的情况，如果团队内部或者合作双方之间发生"内耗"（也就是内讧）行为，会让团队内部陷入混乱之中。矛盾的双方互相推诿责任，互相指责，甚至是互相诋毁，这些行为都是有弊而无利的举动，只能让"双赢"的目的变成"双败"的结果。

在工作中应该发挥积极主动的工作态度，保证团队工作的有效进行，同时还应该经常自我剖析，及时找到工作中的失误环节，进行补救。

（3）刚柔并济

刚柔并济也是双赢合作中的一个妙招。刚柔并济的交际管理方法，可以最大程度地避免激烈的争吵，还可以在适当的时候增进彼此间的了解，缓和、改善氛围。

抱着双赢的工作态度和人生态度，可以在工作中找到合拍的搭档，在生活中找到意气相投的朋友，不仅可以减少职场中那些没有必要的竞争，还能扩展交际"圈子"。在"双赢"的环境中，每个人都可以轻松上阵，集中精力地去打拼事业，创造美好的生活。

 思 考

1. 保罗·盖帝的故事给你带来哪些启示？

2. 你知道"鹰鸽博弈"理论吗？你如何理解这一理论？

借力思维：好老板是借力大师

> 借力者通常利用自己的头脑、资源，以及巧妙的办法，借助他人的"肩膀"，来弥补自己企业在经营、资金、技术、名气等方面的不足。这是商业竞争中十分见效的方式。

小仲马创作的剧本《金钱问题》中有一句经典台词："做商业是十分简单的，就是借用别人的资金。"对于那些白手起家的企业家来说，借力是一剂良策。借力者通常利用自己的头脑和资源，利用巧妙的办法，借助他人的肩膀，来弥补自己企业在经营、资金、技术、名气等方面的不足。这是商业竞争中十分见效的方式。

从经济学的角度分析，借力者通常能够利用自己的优势，"免费"借助对方的某些价值。这种搭便车的方式考验的是老板的经营头脑、决策能力，以及情商等多方面的能力。

美国第一旅游公司副董事长尤伯罗斯曾经就制造了一起引起轰动的借力范本。1984 年，尤伯罗斯担任第二十三届洛杉矶奥运会组委会主席。奥运会这项世界性的体育盛事，在当时呈现连年亏损的情况。其中，1980 年在莫斯科举行的第二十二届奥运会的亏损金额甚至达到了 90 多亿美金，这让奥运会的举办变成了一个不再美丽的"包袱"。

为了筹措资金，尤伯罗斯准备借力于美国的各大企业。彼时商业高度发达的美国有很多急需扩大市场知名度的企业，他们希望能够通过扩大企业的知名度来打开销售市场。尤伯罗斯看到了之中蕴藏的潜力，于是他利用一些大型企业想要赞助奥运会以提高企业知名度的想法，决定与各大企业进行合作。每一项赞助费的谈判过程，尤伯罗斯都会亲自参与。谈判过程中，尤伯罗斯表现出了卓越的谈判能力和商业头脑。他利用同行业之间竞争的特点，巧妙地将奥委会姿态抬高，并且向有意向合作的企业提出了诸多要求。在这个过程中，尤伯罗斯制定了很多赞助标准，比如赞助者必须完全遵守奥委会的相关规章制度和要求、赞助者不可以在固定的位置宣传商业广告、赞助的数量最低不能少于 500 万美元等。

看似严苛的条件，却激起了企业家们对于合作的巨大兴趣。为了在仅有的三十个赞助名额中占得一席位，商家们可谓是拼尽"财力"，不断地在竞争中提高赞助款。借商家之力这一项计划中，尤伯罗斯就筹备到了 385 亿美元。

对于竞争力最大的电视转播权，尤伯罗斯使用"计策"在美国三大电视网中引起了白热化的竞争之势。最后，电视转播权被美国广播公司以 28 亿美元的价格买入，创造了当年奥运会赞助费中最大的一笔交易。

要想顺利举行一场体育赛事，还需要支付一笔巨额的费用给服务人员。为此，尤伯罗斯通过广播、电视、报纸等媒体在市民中号召征集奥运会志愿者。结果竟然有近四万名志愿者报名参加。奥委会只需要支付给他们伙食费，并赠送几场比赛的门票即可。

至于奥运圣火，从希腊的奥林匹亚村点燃火炬，用飞机运送至纽约，再绕行美国的 32 个州和哥伦比亚特区，总共需要经过 41 个大城市和 10 000 个镇。尤伯罗斯判断出，传递奥运圣火的机会，很多名人都想得到，普通人也不例外，谁都希望在这一体育盛事中留下珍贵的回忆。于是，尤伯罗斯决定将传递奥运圣火的机会也出售给市民。只要支付 3 000 美金，任何人都可以举着火炬跑一公里，进行圣火传递。很多人蜂拥购买这难得的机会。这一项借力又为奥运会的承办方筹到了 4 500 万美元。

通过商业借力，尤伯罗斯不仅筹到了大量的资金和人力，还扭转了奥运会承办方亏损的状况。这一举措在奥运会的举办史上具有极其重要的历史意义。

同理，借力也是职场中的高段技能。不管是老板还是员工，只要想实现商业奇迹，就要培养自己的综合实力。自身具有一定的商业价值和头脑之后，再向他人寻求合作，就会简单容易的多。比如如果老板手中拥有你所需要的人脉资源，你可以找寻适当的时机向老板表达你的需求，并表现出你得到这些人脉帮助之后会为公司创造更多利润和价值的愿望，老板自然会无法拒绝。而如果同事身上存在有你想借力的方面，你首先应该表达对他的敬佩之情，并大胆赞美，同时示弱表明自己的无助。但凡是具有合作精神的同事，都不会拒绝你的请求，甚至会主动帮助你。

巧借外力，是一种难得的人生智慧。可能仅仅需要你付出一点"本钱"，就会收回意料之外的收益。通过自己的头脑智慧，运用商业经营的策略，借助别人的力量，就可以实现目标。

 思 考

1. 尤伯罗斯的故事给你带来哪些启示？
2. 你有过借力他人的经历吗？请简要分享一下。

创新思维：创新是头脑中的金矿资源

> 创新是人类前进的动力，是财富的重要来源，是一种可以在时代中生存的技能。一个人如果没有胆量进行创新，只会一味地模仿，就无法在工作中获得提升。一个企业如果不具备创新精神，迟早会被市场淘汰。

千百年来，人类就在各个领域利用创新性思维改变着世界。创新不是专属于科学家、发明家的技能，人们在很多方面都可以进行创新，并且碰撞出热烈的火花。追求事业的过程中，为了新的设想努力的过程中，创新都会帮助人们感受创造力所能带来的惊喜和感受。

创新是潜伏在头脑中的金矿资源，是职场中不可或缺的一项特殊性生存技能。工作中创新可以让员工获得高效率，比别人更快、更优质地完成目标。

凭借花卉创新式经营的法国美容品研发者伊夫·洛列在一次新闻发布会上对记者说："能够有今天的成就，我要感谢卡耐基先生，是他的课程让我走进了创新领域。而以前我曾经无数次与它擦肩而过，现在我要说，创新的确是个美丽的奇迹。"

从1960年开始生产美容品，经过多年的经营，伊夫·洛列已经拥有了上百家分店。在这巨大的成功背后，是他对创新这一理念的深刻理解。通过研读卡耐基先生的课程，使他认识到：很多在美容行业逐渐消失的企业，都是因为创新能力不足而导致的。为了能使自己的美容院良性地经营下去，他强迫自己树立创新意识。最终伊夫·洛列凭借花卉创新式经营打造出了自己的美容王国。

现代职场要获得老板的赏识，就应具有创新精神，而且要有打破传统观念和思路的决心。

创新的灵感总是藏在隐蔽的角落，多思考，以创新性思维的状态生活和工作，才能随时迸发出点子，提高自己的创新能力。

海尔集团就是创新型企业的代表。在老板张瑞敏的带领下，海尔集团被塑造成速度和创新的代言者。

在1984年，海尔集团就率先引进了德国利勃海尔电冰箱生产技术，并在此基础上发展成为国内家用电器产品开发的领军基地。而永不满足，积极创新的精神，成为海尔集团的灵魂，也成为其进军国际市场的动力。

海尔电器进军韩国市场之初，销售情况很不理想。后来，一位市场调研人员发现，很多韩国民众家中的阳台都是开放式的，并非国内常见的封闭式阳台。韩国民众喜欢将开放式的阳台打造成"洗衣房"，为了排水方便，韩国家庭中的阳台地面大多有一个坡面，而海尔洗衣机的地步支架是固定的，无法在坡面上固定。这就是海尔电器没能在韩国全面打开市场的重要原因。于是，海尔设计部门利用发散性思维，及时地调整了产品的结构和外观设计，提升了产品的品质，使新产品更加适合当地居民的生活需求。一段时间内，海尔洗衣机在韩国的销售情况就开始出现明显的好转。

没有创新，海尔集团就无法在那么短的时间内打开国际市场，也无法树立自己在行业内的地位。失去了创新，对于海尔集团所有员工来说，就像是把企业推向了一个死角，无法获得新生。创新性的开发给海尔集团带来了广阔的发展前景，也让员工们更加确信了创新之路的可靠性。他们在工作中每时每刻都以高标准要求自己，创新的氛围在海尔集团的内部随处都可以感觉到。

不断地创新，犹如给一盆繁盛的植物加入营养液，让它保持健康、茁壮地生长。工作中有了创新意识，可以提升员工的工作能力，从而改变员工的工作状态。那么，员工该如何提升自己的创新能力呢？

（1）做好创新计划

工作中无论何时何地都需要创新，员工在到达公司后，就应该立即对当天自己的工作有一个整体感知，并且整理思路，确定自己当天想要创新的工作内容，然后在实践中落实创新计划。

（2）多参加同行业的研讨会

员工应多参加几场有关专业研究、职位方向的展览、研讨会等，了解现在国内外同行业领域的创新方向和成果，可以为自己在工作中的创新研究提供一些灵感和方向。

（3）多关注同行业资讯

利用空余时间多翻阅一些期刊、杂志、文献，可以让员工在短时间内掌握现今市场竞争的状况，帮助员工在创新研究时把握好侧重点和突破点。

（4）多与他人沟通

创新的前提是员工要对自己的工作十分了解，对于工作中的各个环节很熟悉。事先修炼自己的职业素养和技能，可以利于员工在不同的状态下进行创新。

另外，尝试多和领导、同事沟通，交流自己的工作思路和想法。因为不同想法的碰撞通常可以擦出最意想不到的思维火花，创新的点子或许就隐藏在其中。

需要注意的是，在创新的过程中，要避免主观的思维方式，这样不利于员工调整状态，无法及时地、全面地适应环境。同时，盲目攀比的创新思维也不可取。员工不能为了追赶所谓的潮流，或者是业绩，而采取"批量创新"的思维方式来提升自己的能力和地位。真正的创新是要建立在缜密的思考和对现实充分掌握的基础之上来进行的。超越了现实的创新，是容易出现偏差的。工作中应该摆正心态，让创新建立在踏实的考察和评估的基础上。

拥有创新意识吧，不断地创新，不断地提高工作效率，改进工作意识，成为职场中那个亮眼而不可取代的员工。

▶▶▶ | 思·考 |

1. 伊夫·洛列和海尔集团的故事分别给你带来哪些启示？

2. 在日常工作中，你是否具有"创新意识"？请分享一两个真实的故事。

自省思维：经常自省自爱，必成宝贵人才

> 自省可以让我们每个人走近内心深处的自己，并且战胜体内的"顽固敌人"，在净化精神的过程中提升自己的认识。

十八世纪法国伟大的思想家卢梭曾经在少年时期做过一件错事——他将自己实施的偷盗行为转嫁给了一个无辜的女仆身上，女仆因此蒙受了不白之冤，还被卢梭的父亲赶了出去。这件事情深深地折磨着卢梭的内心，他经常夜里睡不着觉。在作品《忏悔录》中，卢梭对自己进行了深刻地剖析，显示了他坦荡的胸怀和真诚的内心世界。因为这份可贵的自省之心，卢梭创作出了在世界文坛上都很有影响力的作品。

《论语》中说："吾日三省吾身。"这是孔圣人的修身之道，虽然普通人难以完全做到这个程度，但是最起码可以每天有意识地审视自己的言行是否合适。尤其是职场中的新人们，反省可以带来进步，可以认清自我，有利于员工在工作中重整旗鼓、发挥潜力。只会剖析别人的人，是一种过于自我的表现。有些员工在公司一有机会就会抱怨："我当年进公司时，他还不知道在哪工作呢？""他凭什么有资格和我竞争？""为什么他的工资比我的还要高？"……这些常听到的话语就是人们缺乏自省的直观

表现。

自我反省，可以发展自我，并逐渐完善自我。自我反省最常见的表现形式之一就是在面对问题时，学会站在对方的角度考虑问题。比如，你在工作中长时间开小差，被老板发现，并在众人面前严厉地责备了你，先不要急着埋怨老板无情和冷血。试着站在老板的立场上看问题——如果你是公司的负责人，看见自己的员工没有集中精力去工作，而是一直接电话聊天，或者上网干私事儿，你会觉得生气吗？通常来说，老板批评你是对事不对人的，他是为了督促公司内其他员工遵守工作制度。同时，你是否也需要自我反省一下，自己的行为是不是真的没有一点过错？如果自己做到了一个守时守规员工应该做的事情，老板又怎么会发脾气呢？反省自己过后，心中的怒火也会消逝。

凡事多为别人想想，再想想自己，彼此间的不满情绪自然而然就会变得平和许多。不懂得自省的人，在工作和生活中会自找麻烦，会平添很多不良情绪。

一份耕耘，一份收获。我们同样可以说，一份自省，一份成功。员工经常自省，力求进步，可以将失败的概率减少到最低程度。在公司中，不要花费太多的精力去嫉妒他人，也不要耗尽心思想找到投机取巧的办法。踏实工作，用心创造价值，你的表现大家都会看在眼里的，老板也会给予你平等的对待。

经常反省之人，是对自己十分爱惜的人，是一个珍惜自己每一步成长和发展机会的人。反省中可以更好地适应环境，可以减少过失犯的错误，可以为工作节省出很多额外的高效时间。

行走在职场的道路上，左手边是鼓励，右手边是自省。自省自爱的员工，是企业不可多得的"宝贵人才"。这样的人才能经受得住重任的考验，才能忠诚于自己的工作和公司。

思 考

1. 卢梭的故事给你带来哪些启示?

2. 在日常工作中,你的老板是善于自省的人吗? 请分享一两个真实的故事。

Chapter 7

别把老板当作圣人：

正确面对老板的缺点、错误与过失

没有完美的老板，给老板多一点宽容

> 所谓人非圣贤，孰能无过。平日威严在上的老板也难免会有发布错误的（不恰当的）指令、做出错误的判断的"意外"发生。在遇到老板出错的时候或者"丢丑"的时候，不应该当面嘲笑，而应该选择宽容。

每个人都有自己的缺点和不足，老板自然也不例外。宽容地对待老板，可以形成将心比心的做事氛围，这样的人一定会受到周围人的尊敬和欢迎。

宽容待人、能够团结更多的人，在关键时刻共进退，是一种宽厚、忍耐并存的品质，可以创造更多的成绩。反之，一个宽容度低的员工，慢慢在职场中会感受到别人对自己的疏离，会给自身的事业发展增加阻力。

宽以待人是一个人可以成就事业的重要保障。一个总是以敌视的眼光看待周围人的员工，难以称得上是拥有宽大胸怀的人，只会让周围人对他敬而远之。

当老板下达正确指令时，员工要无条件地遵从，并努力将工作做到最好。但是，当老板犯了一些错误时，员工可通过以下的对策予以应对：

（1）委婉暗示

如果老板在公众场合发布了错误的工作指令，而员工觉得无法执行或者认为这项指令不能执行的时候，就要采取婉转的方式来让对方知道指令的错误。

很多情况下，老板颁布了错误的工作指令，甚至布置了偏离计划的工作任务，不是因为老板的领导能力有大的问题，也不代表老板没有足够的专业素质和水平，而是没有完全地考虑周全。

委婉的暗示比公开场合中指责老板的错误要效果好得多。十七世纪时期，法国路易十四写了一首有很多文法错误的诗歌，他对此毫无察觉，还一副洋洋得意的样子。路易十四询问当时著名的文学批评家布瓦洛，对这首诗歌有什么感觉和看法。布瓦洛皱着眉头看了看这首诗歌，说道："陛下真是太英明了，想要做一首'歪诗'，竟可以不费吹灰之力便创作出来。我感觉十分敬佩。"布瓦洛委婉的指责让路易十四顿时觉得很不好意思，从此他再也不草率地进行创作了。

（2）直接提示

有时候老板因为对某些情况不了解，而做出了错误的决策和计划。下属适当地提醒，可以帮助老板更快地纠正错误。但是需要注意的是，提醒的场合和时间，尽量不要选择在公开会议的场合中直接提醒，以免让老板感到尴尬。

如果私下向老板直接提意见时，也要注意语气不能像同事之间说话那样随意。此外，语气还应该委婉一些，不能太强硬。

（3）委婉拒绝

如果老板提出的一些建议和措施并不适合具体情况，而且可能起到相反的结果。下属本着对工作负责任的态度，应用委婉的语言表示拒绝。比如可以说："老板，这么做的话，我估计我在办公室里就不好和其他同事相处了。"

虽然员工拒绝老板的指令有时候并不是一件容易的事情，但是为了保证工作的质量和企业、领导、自身的利益，也应该充分考量，该拒绝时就拒绝。尤其是对于一些违反纪律或者规定的指令，员工应该严词拒绝，不能为了一些人情关系和来自金钱的诱惑就放弃了原则，那么最终损失最大的是还是员工自己。

（4）拖延时间

有时候老板发布的一些指令是一时冲动提出来的，而且并不需要员工立马交给他成果。如果碰巧老板不太爱接受别人的意见，员工就可以采取拖延时间的方法——先口头上答应，然后按兵不动。等老板逐渐淡忘掉这个计划。只要员工不提醒老板，一般来说对于这种"来得迅速"的指令老板也不会放在心上。

（5）幽默拒绝

如果老板犯错的场合中并没有"外人"，那员工还可以通过"幽默拒绝"的方式来拒绝老板的指令，如将老板的错误放大，制造效果，并采取幽默的语言去化解老板的尴尬。但需要注意的是，员工采用这种方式时，一定要注意语气的"度"，千万不要幽默过度，反而惹怒老板。

没有哪个老板会毫无缺点，不完美的老板才更能考验一个员工的素质和能力。用专业的品质去对待老板在工作中偶尔出现的失误，用长远的眼光去发掘失误背后隐藏的锻炼机会，就可以让下属在不知不觉中提升自己的工作能力。

宽容地对待别人曾经犯过的错误，是一种气量和风范。工作中宽以待人是一种潜力砝码，你会发现它可以为你制造很多意想不到的惊喜。

▶▶▶ 思 考

1.职场生活中，你采用过上述哪些方式拒绝过你的老板？请分享一两个真实的故事。

2.如果你是老板，你会如何看待那些恰当拒绝你的员工？

正确对待老板的过失

如果老板的过失并没有出现原则性的错误，也没有对团队和员工的工作进度产生实质性的影响，那么员工完全可以采用一种默不作声的方式。遇到老板"犯错"时，员工应试着将老板当成普通人去理解。这样一来，就可以为自己赢得好员工和好助手的双重赞誉。

老板不是毫无缺点的人，当他在工作中出了错误，发生了过失行为时，员工应该正确地对待，不盲从，也不能过河拆桥。

当团队中的任何一员（包括老板在内）出现了过失，优秀的员工应当抛却一切借口，履行自己的职责和团队成员的义务，全身心地去协助对方进行补救。一个敢于在风险中分担责任的员工，是基于对老板、管理者的充分了解和信任，老板也会将你视为企业的支柱。

人们常常能够轻易地原谅陌生人的过失，而唯独对自己老板偶尔出现的过失耿耿于怀，觉得老板犯错就是不可饶恕的行为。公平待人是成功守则的重要定律。不能因为对方的身份和地位不同，就在态度和情绪上有所不同。

经营一家企业是一项十分复杂的事情，老板会面临来自方方面面的复杂问题，也会因此在情绪上受到一定的影响。老板也是普通人，也会犯错，他也会因为某些缺陷而导致工作中遇到一些问题。只要老板在事后去弥补过失，并且没有再出现类似的错误耽误到团队的协作发展，员工也就没有必要去追究了。

员工要正视老板的过失，建立和谐的上下级关系，首先就要正确地认识、了解老板。摆清楚自己和老板的位置关系，尊重老板的基础上也尊重自己的职业。当老板出现过失的时候，应该采取暗示、提醒等措施去予以纠正。而不是盲目地当众指出。比如，有的员工在听取老板讲述工作报告时说错了一个字，就立马喊道："应该是XXX才对吧？"原本没有什么人听到的失误，经过这么一声高调的纠正，立马吸引众人的目光，老板也会为此深感尴尬。

中国人尤其看重面子，并将尊严视为自己最重要的东西。处于企业"终极地位"的老板，对于自己的威严和面子更是珍惜。如果老板无意间犯下一些错误，比如在会议中用错字眼、将项目的某一个环节记错等，员工尽量不要在公众场合直接指出他的错误，这样会让老板觉得很没面子。

如果老板的过失并没有出现原则性的错误，也没有对团队和员工的工作进度产生实质性的影响，那么员工完全可以采用一种默不作声的方式。遇到老板犯错时，员工应该试着将老板当成普通人去理解。这样一来，就可以为自己赢得好员工和好助手的双重赞誉。

维护别人的尊严就是维护自己的形象，赠人玫瑰手有余香，你怎么对待别人的过失，都会反射在自己人际交往的镜子当中。

 思 考

1. 在职场生活中，你会如何面对老板的过失？请分享一两个真实的故事。

2. 如果你是老板，你会如何处置那些不分场合、"直言进谏"的员工？

学会与老板的"黑色情绪"打交道

> 每个人都有自己的情绪模式，掌握了老板的"黑色情绪"反应过程，就知道应该如何避开这场"情绪风暴"的侵袭。

职场中人每天面临来自生活、工作等多方面的压力，精神状态可能会出现周期性的不稳定，从而产生"黑色情绪"。

与员工们一样，老板也难免会因为精神压力过大而出现"黑色情绪"风暴。如果员工在老板情绪低落的时候找他讨论一些意义不明显、烦琐的事情，就会激化老板的"黑色情绪"。老板可能会发无名火，因此而影响了员工的工作积极性，制造更大的工作压力。

鲁丽是一家公司的会计，就曾经遇到过老板的"黑色情绪"。那天她像往常一样来到公司开始工作。可不知道怎么回事，老板那天情绪很焦躁。鲁丽让他审查早就做好的报表，遭到了老板一顿莫名其妙的批评。当天召开的部门会议上，对于超额完成任务的同事们，老板也没有提出表扬，而是直接指出了一系列问题，又连珠炮似的提出了很多工作要求，弄得大家心情十分紧张、气氛也变得很奇怪。

会议结束后，老板竟然又将鲁丽叫到办公室，针对报表中的问题重复地批评了她，让鲁丽觉得十分不解。老板这是怎么了？平时也不是这个样子啊。

鲁丽的老板就是被"黑色情绪"笼罩了，而鲁丽等其他同事没能对老板的状态有一个整体把握，所以才沦落为了老板的"出气筒"。

公司新来的小王同样遇到过这种窘况。那一天老板让小王把项目说明书送到他的办公室，本来老板当天脸色和状态不太好，小王却没有及时地观察到。送说明书的时候，还误将封皮打错了。当老板看到错误的封皮后，直接将项目书扔给了小王，并大声地说道："你这是什么情况！说明书这么简单的任务你还能出错，不想好好做就干脆不要做了。"初入职场的小王当时觉得特别委屈，认为老板这是在向自己发泄情绪。

工作中，我们都会遇到类似小王和鲁丽那样的委屈经历，这时候千万不要直接和老板对抗。不妨冷静下来，仔细地观察一下老板的情绪变化情况，千万不要"硬碰硬"地与老板沟通，以免引火上身。如果老板火气难消，就直接找借口离开现场。

当老板出现"黑色情绪"时，其体力、精力由于情绪的影响也会变得不正常，极易感到疲惫和紧张。如果正当他忙得焦头烂额时，你去与他商量请假、早退等一些私人事情，一定会让他当时心情更烦躁。你可以通过老板助理，递上一张简单的报告纸，将你要说明的问题大概列出来，等老板心情好，时机得当，就可以顺利地去向他汇报了。

大多数员工们在企业待的时间越久，对老板的情绪，尤其是"黑色情绪"就能掌握地更加细致。新员工应该多向前辈请教相关问题，不要当老板"黑色情绪"的靶心。

员工应该正常地看待老板的"黑色情绪"，具体方法如下：

（1）不要记恨老板的"黑色情绪"

员工在工作中情绪不好可以找同事们及时地倾吐一下，而老板很难立刻找到情绪的倾诉对象，于是很容易将员工当成"出气筒"。当"黑色风暴"过去之后，大多数老板很快就忘记了之前是怎么斥责员工的。所以员工也不必将老板的"黑色情绪"放在心上。员工要做的就是摆正好自己的状态，按照往常一样用心地工作，不要因此影响工作效率和进度。

（2）他发火，你安静

很多员工也是年轻气盛的职场新人，当老板情绪不佳，严厉斥责自己的时候，往往很难压抑住自己的怒火，甚至会和老板当面争执起来。为了避免这种不良情绪的衍生，应在老板发火的时候尽量保持安静。安静的心态，安静的状态，先听老板发泄情绪，以后再找机会和老板沟通。

（3）过滤信息

每个人都有自己的情绪模式，掌握了老板的"黑色情绪"反应过程，就知道应该如何避开这场"情绪风暴"的侵袭。

在老板向自己宣泄"黑色情绪"后，应该在脑海中自动将那些"不愉快"的记忆过滤掉，轻松地面对接下来的工作。并且仍旧要全力以赴，认真对待工作。成熟的员工不会惧怕老板的"黑色情绪"，而是会选择直面和忘记。

思 考

1. 鲁丽和小王的故事分别给你带来了哪些启示？

2. 你在职场中遭遇过老板的"黑色情绪"吗？你是如何应对的？

与老板发生意见分歧时，多退让

> 其实员工与领导间的关系应该是互相需要、互相帮助的。既然如此，两者间就应该互相尊重。分歧中，两者均应该拿出"高姿态"——认真聆听对方的意见，并经过深思熟虑之后表达自己的看法。如果在某一个问题上达不成共识，员工可以做"预先退让"的角色，在后续的工作中抓取时机来与老板共同洽谈分歧的关键点，尽量做到以和平的方式解决问题。

员工在工作中免不了会和老板发生分歧，聪明的员工应该寻求适合的办法来处理与老板之间的分歧，而不是"死磕"，变成老板的敌人。那么，员工们具体该怎样做呢？

（1）简要说明事情的经过

发生分歧后，尽量简要地说明事情的经过。有些人明明可以用十几分钟向老板解释清楚整个事件（或者阐述清楚自己的想法），却由于太啰唆，说不到重点，反而更加加深了自己与老板之间的矛盾，并让老板失去继续听你解释的兴趣。这样一来，两个人基本上也就无法继续沟通了，分歧的裂痕会逐渐加深。

（2）试着从老板的角度分析问题

老板不是你的敌人，他是雇佣你的领导。发生矛盾分歧后，不要用仇恶的眼神看待对方，而应站在对方的角度看待问题。从对方的立场来分析，这次产生的分歧原因到底是什么？是否有必要让其中一方主动表示退让。分歧难免总会产生，只要能够妥善解决就可以有效避免员工与老板之间的矛盾。

（3）提高职场情商

判定一个员工在工作中的情商高低，可以通过他如何应对与老板的分歧来界定。那些毫无顾虑与老板当面起冲突的员工，可以界定为情商低级，是最不被提倡的一种方式。而那些能够温和处理矛盾的员工，职场情商也相对更高，组织协调能力也更强。换句话说，那些职场情商高的员工将更容易获得老板的器重。

（4）认清自己的位置

员工需要一份可以提供丰厚报酬的工作，如果没有老板经营的企业，员工就没有参加工作的机会。而没有员工，老板就如同"光杆司令"，同样无法开展工作。

其实员工与领导间的关系应该是互相需要、互相帮助的。既然如此，两者间就应该互相尊重。分歧中，两者均应该拿出"高姿态"——认真聆听对方的意见，并经过深思熟虑之后表达自己的看法。如果在某一个问题上达不成共识，员工可以做"预先退让"的角色，在后续的工作中抓取时机来与老板共同洽谈分歧的关键点，尽量做到以和平的方式解决问题。

（5）采用正确的沟通方式

员工和老板都是独立的个体，在一些观点和事件中产生分歧是十分正常的。但是发生分歧后，员工需要注意在和老板进行沟通的时候，应该注意强调那些可以得到佐证的事实，而并非抽象的叙述和讨论。员工可以在对话中，先表达出对老板意见的赞赏，然后委婉地传达自己与老板看法不同的情况。

即便是和老板的分歧再大，也不能使用过激的语言和行为。正面的语言可以让员工在分歧中避免留给对方没有礼貌的印象。尽量不要使用过于绝对的词语，如"太糟糕了""太差劲了""不可能"等字眼。

（6）避免老板的"黑色情绪"

如果老板情绪不好，或者当时工作忙碌，就应该适当地选择让步。毕竟对方是你的顶头上司。如果一味地和老板争执谁对谁错，不利于"战斗"早点结束，也不利于今后的工作发展。

（7）勇于承担责任

发生分歧后，如果分歧的责任有一部分在自己，就不能逃避，而是应该勇于正视自己的问题。认真分析情况，尽自己的能力去解决自己"犯下的错"。

如果员工和老板的分歧源于老板对员工提出的一些不合理要求，比如公然地骚扰、歧视员工，员工就应该采取正规手段寻求帮助，解决纠纷。同时应该尽量掌握证据，有利于自己在有关分歧的纠纷中取得胜利。即便是在这种情况下，也不应该草率地使用"死磕"的方法，那样只能让自己损失更多。

产生分歧之后，员工需要研究分歧的具体解决办法和缓和余地。消除对老板的敌意，选择正确的立场和处事原则，也会整体提升员工的职场综合能力。

 思 考

1. 你有过与老板发生分歧的时候吗？你是如何应对的？

2. 如果你是老板，你会如何与同自己发生分歧的员工相处？

这样对待老板的缺点最聪明

> 英国作家萧伯纳说过："两个人各自拿着一个苹果，互相交换，每人仍然只有一个苹果；两个人各自拥有一个思想，互相交换，每个人就拥有两个思想。"一个人可以凭着自己的能力取得一定的成就，但如果将个人的能力与别人的能力结合起来，就会把工作做得更好，更完美。

老板与员工朝夕相处，共同进行许多重要的工作环节。员工对于老板的脾气、品性以及领导风格等都十分熟悉了解，老板身上的缺点，员工自然也都清楚。

员工们熟悉老板的缺点，却很少有人在老板具有的缺点当中不断分析和学习。大多数员工对于老板身上存在的缺点是抱有抵触心理的，他们潜意识中认为老板身上某一方面的缺点会导致工作中出现很多麻烦。但事实并非如此，世界上每个人都存在缺点，但是能够在缺点中获得灵感，不断学习的人却不多。

工作中的小小缺点不是缺陷，应该看作是改进工作的一股推力。"王致和臭豆腐"这道餐桌美味的诞生就是因为工作中的一个"小缺陷"产生的。

相传康熙年间，安徽有个叫王致和的年轻人。他赴京赶考失败后，决定留在京城复读，为明年的备考做准备。

为了在京城立足，王致和决定开一家豆腐坊。但王致和是个读书人，对于经营店铺方面没有充足的经验。这个小缺陷致使他的豆腐坊一开业就出现了危机——每天做的豆腐都剩下了好多。

为了处理剩下的豆腐，王致和将其中一部分豆腐切成小块儿腌好，准备过一段时间取出来吃。但直到秋天的时候，他才猛然想起自己腌过一缸豆腐。等他将豆腐拿出来后，发现豆腐已经变成了散发着一股奇怪臭味的"臭豆腐"。

他感到十分懊恼，准备将这些发臭的豆腐扔掉。但是转念一想，不能这样将豆腐浪费了。于是他忍着臭味，吃了一口豆腐。奇怪的是，豆腐虽然闻着臭，吃起来却香溢十足。王致和将"臭豆腐"拿给了很多朋友品尝，一开始大家都很排斥这个臭臭的豆腐，谁知道尝过之后却纷纷赞不绝口。

臭豆腐的名声越传越广，传入宫中后，甚至连慈禧太后也对这个"臭臭的"食物大加赞赏。从此之后，王致和的臭豆腐一跃变成了御膳美食之一。

松下幸之助曾说："每一个人身上都有缺点和优点，但是一无是处的人是不存在的。"人们身上的短处和长处并没有绝对明晰的界限，长处可以发挥优势作用，短处也蕴藏着能量。

精明的管理者应该能用人长，也能用人短。清朝的杨时斋将军是一位颇具谋略的将领。他认为，军营中的每一个士兵都有自己的特点和不足，但每个人都隐含着绝对的潜力。比如聋子可以安排在将领身边做贴身侍卫，不用担心他们会透露什么军事秘密；而哑巴派去传递信件，就算是被敌人抓住，也不会泄露什么具体内容；瞎子由于具有良好的听力，可以安排在前线进行埋伏，担负重要的侦察任务……

虽然杨将军的这一人才理论不一定会真正实施，但是他的理论也从侧面说明了，不管是人的长处还是短处，都是有用处的。有些短处反而能带给人们更多的启迪作用。

那么，员工们该如何面对老板身上的缺点呢？

（1）理性看待老板的缺点

每个人都有缺点，这点是肯定的。面对老板的缺点时，不能嘲笑或者轻视，聪明的员工应该在认真分析利弊之后，仔细观察老板在工作中的一些技巧和方法，思考老板的缺点可以带给自己什么启发。

（2）换位看待老板的缺点

如果老板的性格比较倔强、固执，那么员工们可以从另一方面看待老板的这一性格缺点。通常来说，倔强固执的老板不容易被周围人的意见所左右，比较有主见。市场竞争中，这样的老板不会因为随波逐流而让企业陷入危机当中。

有的老板性格不合群，但是他做事比较细腻，在管理中常常能够较为客观地为员工考虑问题。这样的老板具有的专业工作态度是值得每一位员工去学习的。

（3）尊重老板的缺点

有的员工在发现老板身上的某些缺点之后，心态也会随之发生变化。会产生不尊重对方，甚至觉得自己没有必要听从其安排的想法。聪明的员工切勿拥有这种不良的心态，因为那些不尊重老板的行为很容易断送自己的前程。

从他人的短处、缺点中挖掘可值得借鉴的经验和启示，这也是现代企业中的一项重要课题。

 思　考

1. 王致和的故事给你带来哪些启示？

2. 你的老板有哪些缺点？你是如何应对的？

主动走近老板，学会和老板沟通

> 主动走近老板，可以培养员工的自信心与全新的工作方向。当沟通变为一种习惯，员工的工作效率和技能也会相应地提高。

姜玫大学毕业后，进入了一家影视集团担任策划。虽然公司给出的待遇不错，但是面临的工作压力也很大。由于策划的工作几乎每天都需要有新创意、新想法，所以大部分的工作时间里，姜玫都是在为了策划创意做准备。

一开始，姜玫在部门会议上总是能发表不错的建议和点子，受到了领导和同事们的赞扬。久而久之，姜玫感觉自己的心理压力越来越大，无法集中精力面对自己的工作，有时甚至连续几天都不能想出什么好的创意。

在部门会议上，她也越来越紧张，总觉得老板看到自己后会很失望。就连在公司门口碰到老板，她都没有勇气上前去打招呼。

一段时间过去后，姜玫的工作遇到了瓶颈。为了改进工作，她努力地说服了自己，鼓起勇气主动去找老板谈话。谁知道老板非但没有责怪她，反而安慰姜玫工作之初谁都会遇到这样的问题，只要改变工作思路，放松心情，就会慢慢地改变这种状况。

与老板的这次交谈，打开了姜玫的工作思路，并且帮助她树立了信心。

　　事后姜玫向同事感慨道："要不是这次鼓起勇气主动去找老板谈话，或许需要一段更长的时间才能走出困惑。主动与老板沟通，不仅可以得到工作上的指点和帮助，还能及时地发现自己的问题，进步的速度会提高很多。"

　　在很多企业中，都有这样的员工：他们遇到老板恨不得能及时躲开；如果会议中碰到老板，都会选择较远的座位，以离开老板的视线；不得已需直面老板时，便会紧张得坐立不安，手足无措。这些表现就是典型的恐惧老板症状。

　　据统计，现代企业经营和工作中，近一半的工作障碍都是来自于沟通的缺乏。员工不善于和老板沟通，甚至连话都不敢说，是无法正常开展自己的工作的。在人才辈出的竞争环境中，员工应该与老板间形成一种良好的沟通氛围。如果员工不培养自己主动和老板交流、沟通的习惯，那么就不能树立正确的工作态度，工作效果也会大打折扣。

　　很多员工觉得自己在老板面前会很别扭，心理也觉得极其不适应，他们认为少与老板当面接触，可以减少被老板斥责的机会。殊不知，多接触，哪怕多斥责，也是提升自己工作能力和水平的一种手段的好方法。只知道埋头苦干的人，不愿意主动开口与老板沟通，他们宁愿依靠自己的感觉和想象开展工作，最后的工作成果可能会和老板要求的差之千里。

　　和老板主动交流，主动走近老板，可以培养员工的自信心与全新的工作方向。当沟通变为一种习惯，工作效率和技能也会相应地提高。那么，该怎样与老板主动沟通呢？

　　（1）主动问候老板

　　在电梯中、公司门口、餐厅等地方碰到老板时，主动上前打个招呼，简单地交谈几句，一方面可以让老板对你的礼貌和礼仪产生深刻的印象，另一方面也利于形成良好的工作氛围，使彼此更快地熟悉起来。

　　（2）树立主动沟通的意识

　　不管在工作的哪个方面，员工都不能和老板脱离关系，上下级之间应该进行合理、适当的交流与沟通。老板不是长着犄角的"怪物"，也不是员工的敌对一方，而是普通人。工作的时候，员工只需要将老板看作是普通的工作同事，积极地完成自己的工作任务，必要的时候向老板大方地汇报自己的工作即可。

（3）培养自己的聆听能力

要想和老板顺利地交谈，首先需要员工做个合格的聆听者。如果员工只顾着自己表达意见，老板就无法和员工形成对话，那么这次沟通就会很被动了。

员工主动找老板沟通，才能够进一步让老板了解自己的工作态度和优势、短处，让老板在安排工作的时候可以充分地考虑到员工的具体个性和特点。

（4）提高自我知识储备能力

当员工的知识和技能储备多了，就可以和老板探讨一些对工作更有帮助的深层次话题，在对话中也可以用广泛的知识、技能来支撑自己的观点，尽量与老板的建议和想法擦出工作思路方面的"火花"。

但需要注意的是，和老板主动沟通的时候一定要控制好"度"，不能锋芒太露。毕竟员工是想从老板那里得到反应和建议，如果一味地展示自己，会让老板感到奇怪的氛围，或许本来想多说的一些话，见此情况后也会闭口不谈了。如果员工每次和老板沟通时，员工都只顾表现自己的能力有多么强大，久而久之，老板就会对其失去信任，同样也就失去了与老板"更近一步"的机会。

 思 考

1. 姜玫的故事给你带来哪些启示？

2. 如果你是老板，你会喜欢那些主动来找你沟通的员工吗？为什么？

与老板相处的四字箴言：不卑不亢

> 员工对待老板时，要做到有礼貌、谦和，但绝不能违心地做出一些毫无底线、溜须拍马的举动。很多有见识、有能力的老板，对于那些善于阿谀奉承的员工不会表现出欢喜的态度，反而会对那些说话有礼有节，能力突出的员工委以重任。

徐真真刚从美国留学归来，他通过在网上投递简历的方式得到了一个面试机会。刚刚博士毕业的他，对于自己未来的工作充满了信心，他希望凭借自己的努力可以开创一番事业。前几轮表现都很优异的徐真真打败众多竞争者，获得了与总经理直接面试的机会。总经理将通过与徐真真的正面接触来判断他到底适不适合这个工作。

当徐真真见到总经理之后，总经理上下打量了他一番，并说："你就是那个海外毕业的博士啊！来到我们这个小公司，不会觉得委屈吗？"徐真真通过总经理的话意识到，这位经理对自己的留学背景和学历很介意，并表示出不太友好的情绪。

见徐真真没吭声，总经理接着说道："我知道，现在很多博士都眼高手低，别看学历高，干起工作来又力不从心。我们的企业需要实干型的员工，不要觉得自己学历高就会受到什么优待。"这位总经理说话实在是很不中听，徐真真认为他在没有了解自己的前提下，就得出这样的评论，很不专业。徐真真没有因为这是一份自己喜欢的工作就一味地顺从对方的意思，而是不卑不亢地回应了总经理："我是抱着诚意来找工作的，如果您一开始就对我之前的经历有如此之大的成见，我觉得这和您的专业职位背景也很不相称。"

说了这番话，那位总经理反而改变了态度，对徐真真开始客气起来，并和他开始了一番深入的了解和沟通。在这一过程中，彼此都对对方有了较为具体的了解，总经理最后向老板引荐了这位表现优异的职场新人。

很多时候，我们都有一个错误的认知，即作为求职者（或者企业的普通员工），就应该无条件服从企业的领导者。所以很多职场新人在与领导沟通的时候都是一副"无条件"顺从的样子。其实员工在与领导沟通和交流的过程中，不能因为老板的职位高于自己就卑躬屈膝，一个真正有发展前途的员工是能够对自己的工作和言行负责任的员工。

南朝齐代有一位书法家，写得一手绝妙的隶书。但是当时的皇上齐高帝萧道对于隶书也颇有研究，想要与这位书法家一较高低。两个人同时写了一幅字，皇上问这位书法家："谁是第一？"要是一般的臣民，会毫不犹豫地说道："臣不如圣上也。"可是萧道却听到了这样的回答："臣书，臣中第一；陛下书，帝中第一。"书法家不卑不亢的回答，巧妙地将自己和皇上的比赛区分出了性质，既满足了皇上的求胜之心，也没有做违心的回答。

"不卑不亢"是个很重要的相处法则，它同样适用于我们的职场生活中。那么，职场中的我们该如何与老板"不卑不亢"地相处呢？

（1）正确地拒绝老板

有时候，员工会遇到这样的老板：他会在不考虑员工实际能力及事件具体状态的情况下，向员工提出不合理的工作要求。如果员工为了一时的情面，而不直接提出拒绝，就会给后续的工作带来大麻烦，甚至将工作"搞砸"。

对于提出不合理要求的老板需要不卑不亢地去拒绝，不能因为对方是老板就觉得难以开口。当然，开口也是需要讲究一些技巧和方法的。如果老板提出不合理要求后，员工直接说"不"，可能会让彼此都感到尴尬，员工可以坦诚地向其说明自己的实际情况，给老板摆出充分的理由，让他主动收回那些"难以完成"的要求和任务。

（2）讲究沟通技巧

如果老板布置给我们的任务，已经超出了员工的能力范围。也不要慌张，讲究应对策略，同样能够化险为夷。比如员工可以在开展任务之前，将任务中自己有顾虑的地方，坦诚地告知自己的老板，并提前表现出一副"我会尽力而为"的积极态度。如此一来，即使任务没有完成时，老板会以为员工已经尽力，依旧对员工心存感激，而不会对员工进行抱怨和指责。

（3）守住自己的底线

如果老板提出的是一些非分要求，员工可以先表面答应，然后再借助同事们的力量化解问题。比如，如果老板明显出于其他目的，邀请员工晚上一起进餐或者做其他事情，员工可以请两三位同事同行，利用群体力量消解老板的不良要求。这样既不会让老板丢面子，也能够保证员工在不损害自己利益的基础上保全自己的工作。

如果老板一直纠缠不放，那员工就应该考虑是否需要另谋高就了。

（4）树立自信心

有些不能做到不卑不亢的员工，往往是因为自己内心深处的自卑情绪作祟。他们希望通过弱化自己的方式来得到旁人的关注和重视，其实这样只能增添更多的烦恼。一个人应该在心中树立一把标准的尺子来衡量人心和态度，放下自卑的情绪，充分地尊重对方，同时珍惜自己的能力，大胆地去开展工作。这样积极的态度可以让员工工作起来更加顺心，也会让老板看到其身上散发的不一样的光芒。

员工对待老板时，要做到有礼貌、谦和，但绝不能违心地做出一些毫无底线、溜须拍马的举动。很多有见识、有能力的老板，对于善于阿谀奉承的员工不会表现出欢喜的态度，反而会对那些说话有礼有节，能力突出的员工委以重任。

▶▶▶ | 思 考 |

1. 徐真真的故事给你带来了哪些启示？

2. 日常的职场生活中，你是如何与老板相处的呢？请简要分析一下你的心得。

尽量避免和老板产生正面冲突

> 员工受雇于老板，如果想保住工作，就需要避免与老板直接产生正面冲突。因为冲突的结果无非是赢了或者输了，而任何一种结果对于职场人来说都是弊大于利。一旦发生冲突，对于双方来说都是精力、时间，以及彼此印象的"损失"。没有人能够在激烈的冲突中完全退出。

陈曼两个月前被总公司委派到分公司担任部门经理一职。陈曼发现，自从她到分公司的第一天开始，分公司总经理张微就对她十分戒备。两个人之前都进行过相似项目，在行业内的技能方向也有一定的相似度。陈曼认为，张微作为自己的老板，如此戒备自己，很大一部分原因是张微将自己看作了对她事业产生威胁的对象。

张微有几次明显地打压陈曼的项目计划书的行为，这让陈曼很不满意。有一天，张微当着陈曼部门员工的面，无故地挑剔陈曼前一天的工作，并且大发雷霆。这让陈曼在下属面前很没面子。但尽管张微对陈曼态度不友善，工作中也时常为难陈曼，可陈曼一直都尽量避免与张微发生正面冲突。

一年之后，陈曼的工作得到总公司的肯定，由于她认真负责，再加上巧妙地化解了与张薇之间的一次次矛盾，致使她在员工之间形成了很大的威望，她被总部直接任命为分公司执行总经理。相反，张微因不能很好地调整自己的角色，在陈曼被升职后，她落寞地提出了辞职。张薇之所以被陈曼赢走了地位和声望，就是因为她缺乏处理冲突的技巧和方法。张微不懂得主动向别人学习，积极与对方沟通，反而采取的都是一些极端的方式和方法，自然不得人心。

职场中，由于人与人之间的工作交集，难免会产生冲突。如果员工与同事或领导产生正面冲突，这是最糟糕的一种情况，不仅会让老板对员工产生负面评价，也会让周围的同事、员工误解状况。有时员工即便是一开始占据上风，在冲突中也会变得没有理了。

曾经担任美国财政部部长的威廉·麦肯铎，在多年的政治生涯中总结出了很多感悟，并将这些感悟分享给了自己的家人、后辈，他就认为依靠辩论和发生直接的冲突是不可能使对方服气的。

或许一时的心直口快很过瘾，表面上像是占据了上风，成了"胜利者"。但是真正走到以后的发展道路中，你就会感觉参与到冲突之中，处理方式不恰当的话，只能让别人不再信任你。正如富兰克林所说："如果你总是反驳别人，或者在冲突中斗气，或许能够取得一时的胜利，但是你永远无法得到人心。"

员工受雇于老板，如果想保住工作，就需要避免与老板直接产生正面冲突。因为冲突的结果无非是赢了或者输了，而任何一种结果对于职场人来说都是弊大于利。一旦发生冲突，对于双方来说都是精力、时间，以及彼此印象的"损失"。没有人能够在激烈的冲突中完全退出。为了保持充足的精力发挥到工作中，职场员工就应该尽量避免与同事或老板产生冲突。

那么，职场中到底应该怎样缓解和避免冲突呢？四大高招来帮你：

（1）以静制动

面对咄咄逼人的"对手"的出击，优秀的员工应该保持相对地冷静，以显示自己在职场中能够遇事不乱的"大将风范"。这样也可以减少自己在与对方进行争执的过程中消耗更多的时间和精力，耽误正常的工作。

（2）利用反差印象

　　和同事之间发生冲突后，不要急着去解释或者扭转局面，沉稳地面对对方的"攻击"即可。那些盲目"进攻"的员工，势必会在这样的"战争"中，给老板留下"咄咄逼人"的坏印象。慧眼识珠的老板会在冲突中双方的表现看出谁更适合职场，谁缺乏应有的大度。

　　（3）该出手时要果断

　　如果你与同事或老板间发生了冲突，也不要慌张，可以采用不卑不亢的态度进行解决——直接与对方沟通或者借助企业内公开的言论自由进行反驳。通常来说，产生矛盾误解后，果断地"出击"，可以让冲突尽快地缓解，同时让别人看到你应对紧急情况、突发情况的专业素质。

　　（4）自我反省

　　发生冲突后，不要一味地指责和埋怨别人。自我反省一下，造成冲突的原因是什么？自己是否有做得不够妥当的地方？如果盲目地应对冲突，对自己的行为没有明确的认识和反省，那就会使自己置于一个被动地位，当他人拿出事实和依据驳斥你的时候，自然而然就失去了应对之力。

 思 考

　　1. 陈曼的故事给你带来哪些启示？

　　2. 你跟老板之间发生过争执吗？你是如何化解的呢？

Chapter 8

拒与坏老板为伍：

明珠莫暗投，迅速远离坏老板

坏老板会言行不一，好老板总恪守承诺

> 面对言行不一致的老板时，员工们很容易丧失继续奋进的信心，甚至会对企业发展失去信心。他们认为：自己就是再努力，再拼命，老板也不会给予自己应该得到的奖励和待遇。在这样的心理状态下，员工怎么还能以积极的情绪投入到工作中呢？

张东是一家私企的总经理助理，他的老板穿着时髦，表面看起来是个十分有魅力的老板。

可就是这样一个有魅力的老板，却很不受员工们的喜欢。原来，张东的老板经常在工作中犯"言行不一致"的毛病。很多和他共处过一段时间的员工认为，如果老板口头上允诺什么计划，或是答应给员工什么奖励，一定不要相信，因为他自己根本不会放在心上。也正是因为老板"言行不一致"的陋习，致使张东所在公司的员工流动率特别大，企业发展也因为人才流失太大，而变得岌岌可危。

在企业中，没有行动就等于没有承诺。成功的领导人都有一个显著的共同点——言行一致。对于自己的承诺能够及时兑现，并且在工作中会以身作则，担任起工作榜样。在这一过程中，员工们都会受到老板的影响而不断修正自己的言行。

　　而那些不能言行一致的老板在工作中难以聚拢人心。员工们一开始可能会被老板表面的才能所折服，但是如果老板经常放"空响炮"，员工们就会失去对老板的信任，并且不能以饱满的精神投入到下一阶段的工作中。

　　很多领导之所以不能够得到上级的挽留和重用，也是出于言行不一致的作风。员工也不禁会抱怨这些领导："既然做不到，就不要给我们那么多的希望，太让人失望了。"

　　具体来说，这类言行不一致的老板主要有以下几点特征：

　　（1）偏爱口头承诺

　　缺乏情绪管理的老板会在无意间给员工做出很多承诺。比如员工们为公司创造了一定的利润，老板会激动地说："我下周一定要请大家吃顿大餐，好好感谢感谢你们！"真等到下一周了，员工们会发现老板像往常一样工作，仿佛什么事情都没发生一样。这种类型老板的特征是：总爱许下"口头承诺"，却从不实现。

　　（2）本身素质不高

　　有些老板对待员工十分严格，甚至会对某些方面做出细致和严苛的行为标准。员工们在遵守制度的时候，会发现老板自己却执行着另一套标准。比如老板要求员工工作期间要勤恳努力，不要总是将私人事务带进工作当中。可是他自己却常常在偷懒，经常缺席一些部门重要的会议。这就会令员工心理产生偏差感。以后如果老板再提出什么标准和要求，员工的执行力会下降。

　　（3）看重利益，看轻情意

　　这一类老板在平时急需一些员工的帮助时，会突然表现出莫名的热情。比如他会说："兄弟，这次你一定得帮我这个忙。只要这个项目做成了，我绝对不会亏待你。"话是这么说，真当项目落实完成之后，老板却只顾着自己独享胜利的果实，而那些背后辛辛苦苦工作的员工们早就被他抛在了脑后。

　　这一类老板通常秉承"个人利益至上"的理论，甚至在自己的利益受到侵犯时，他不惜牺牲下属的利益来自我保障，员工们很容易成为这一类老板的牺牲品。

无论老板表现出哪种特征，只要言行不一，下属们就会失去对老板的信任，甚至会失去对企业发展的信心。他们认为：自己就是再努力，再拼命，老板也不会给予自己应该得到的奖励和待遇。在这样的心理状态下，员工怎么还能以积极的情绪投入到工作中呢？

所谓君子一言重千金，无论什么时候老板都应该恪守承诺，做到言而有信。身为企业的领导人，很多时候，老板的言行都会对员工起到示范和榜样的作用。如果老板都不能做到言行一致，又有什么立场去指责下属们呢？

思 考

1. 张东的故事给你带来了哪些启示？

2. 你如何看待那些言行不一致的老板？

坏老板易朝令夕改，好老板总坚决落实决策

> 一个企业能否成功，与企业领导的管理才能息息相关。而企业领导的管理才能与老板的领导风格又有着重要的关联。一个朝令夕改、优柔寡断、想法太散乱的老板不仅会断送自己的事业前程，也会影响企业、下属们的前途。

张莉在一家公司做总经理助理，工作清闲，薪资也高，朋友们都很羡慕她。可是张莉看起来却不是很喜欢这份工作，她不止一次地对朋友们说："我不会在这家公司待长久的。"理由竟然是，她很怕与老板打交道，工作上也不知道如何做才是对的。张莉的老板总是不停地改变着想法和命令，让她无从下手工作。老板最常说的话是："上次那个事不行""你把那个通知追回来""我不准备按以前说的做了""上周开始运行的绩效考核制度停了吧，重新做一套"……

面对如此反复无常、朝令夕改的老板，不堪忍受的张莉很快就离职了。

职场中很多人都遭遇过这类反复无常的老板的"折磨"——刚刚下达的决定，在还未完全执行时，突然被叫停了；员工上一刻被安排负责某个项目，下一刻又被派去按照新的思路进行工作……很多员工在这种"折腾"中消耗了满满的工作热情。

市场经济中，需要老板思维活跃，进行创新活动。但是老板如果没有

一个整体方向的把握，只知道盲目地下达指令，那么往往就会导致下达的指令还未执行，就被要求更改或者终止。如此一来，员工的工作积极性会被分散得"四零八落"，长此以往，员工会对工作表现出懈怠的情绪，甚至会在老板发布命令的时候，选择拒绝执行。因为他们生怕工作做到一半，老板又出现什么变化。

从心理学角度分析，员工对于企业的忠诚度就源于员工对于领导有着长远的期待。如果领导发布了某一项指令，员工在执行过程中会期许这项指令完成之后，可以给自己带来怎么样的收获，自己可以在执行指令的过程中得到什么样的锻炼。一旦指令随时更改，员工心理的期待情绪也会被动摇，即使后来再接手其他指令，也会对信任和期待的效果产生隐性影响。

对于那些频繁更改指令，没有原则性和发展规划的老板，员工会产生抵触和厌恶的情绪，老板的领导力也难以继续发挥影响。有些老板更改指令，是由于在后期的执行过程中，想到了更好的点子。即便如此，也不能盲目地更改自己已经下达的指令，而是应该寻找合适的机会、契机，再专门派人执行新决策。

西方著名的管理学家帕金森说过："关系到前途未来的许诺和计划是非常严肃的，并将会在多年的实践中被人们牢记。"朝令夕改的老板不是一个合格的老板。合格的老板应该对自己下达的指令负有责任和义务，否则只能让员工失去对老板的信任，失去对企业的信心和坚持。一个不能给员工带来信任感和依赖感的领导，会让员工产生消极的情绪，如果不及时排解，甚至会影响员工的生活，影响员工的事业发展。

一个企业能否成功，与企业领导的管理才能息息相关。而企业领导的管理与老板的领导风格又有着重要的关联。一个朝令夕改、优柔寡断、想法太散乱的老板不仅会断送自己的事业前程，也会影响企业、下属们的前途。

人无信则不立。信誉是老板进行企业管理的人格担保，有时候甚至会比其领导能力更为重要。没有信誉的领导是不能得到下属信任的。而只有建立起了信任，员工才能踏实地跟着老板奋斗。

▶▶ 思 考

1. 张莉的故事给你带来哪些启示？

2. 你如何看待那些朝令夕改的老板？

坏老板不爱讲礼貌，好老板懂得尊重人

> 言谈举止是一个人内在品行的表露。一个言谈举止彬彬有礼的人，能够在人际交往中给他人留有较高的评价和良好的印象。而不懂礼貌的人常常会给人们留下缺乏素质和教养的不良印象。

礼貌是人们素养和品行的直接体现。一个懂礼貌的人，在日常生活中懂得谦让，拥有相对良好的人际关系。而缺乏礼仪、礼貌的人，会被人们冠以能力差、素质低的恶名。

歌德说："正确的教育，首先就在人们外表的举止行为表现出来。"礼貌地处事、处世，是一种端正的人生态度。职场中，礼貌同样很重要。它决定着别人与你合作、共事的一种倾向变化。

曾经有一位职场新人去企业应聘。到了面试最后一个环节时，两位部门的负责人都对他表现出了兴趣。

求职者面对两位领导的盛情邀请显得有些犹豫，不知道该选择去谁的麾下。据组织面试的同事介绍，两位领导带领的团队都是比较重要的部门，两人的能力水平也相当。这时，求职者无意之间看到其中一位领导在公司走廊中随地吐痰……于是他便毅然决定选择跟随另一位领导发展事业了。

有些老板在工作中，不约束自己的行为，在员工面前留下了很不好的形象。没有礼貌的老板常常会表现出以下的行为：

（1）不注重个人形象

有的老板在办公室中不注重穿着卫生，经常是一副不修边幅的邋遢模样。这一类老板觉得这么样打扮没有什么大不了，但其实个人形象留给别人的印象十分重要。如果一位合作伙伴没有提前打招呼就来到公司，看到了老板这副模样，怎么能放心地与之合作呢？

还有的老板不顾及公司内部异性员工的存在，经常穿得太过于随意，一不小心就会导致"走光""露点"，这其实也是一种极不礼貌的行为。身为领导，就应该注重自己的形象，干净、整洁这是基本要求。一个都不注重自形象打理的老板，怎么能有足够的能力带领团队创造新成绩呢？又怎么能够打理好一个偌大的公司、企业呢？

（2）说话失风度

在企业内部，员工之间见面之后都会主动地打招呼。但是有些老板不会主动和员工交流，员工向他问好时，他也是一副爱答不理的样子。其实这种行为非但不会让老板显出所谓的领导风范和气场，还会让员工觉得这个老板没有礼貌，没有风度。

还有一类老板，认为企业就是自己的"地盘"，就连基本对话中的用语，也不注意规范。与下属们交谈或者发布命令时，经常会带着"脏"字，让员工觉得很不舒服。

这一类老板在和客户商谈时，也不注意用词，经常无意间蹦出一些脏话，让对方听起来很反感。给别人留下不好的印象后，老板在竞争中的人际关系"圈子"也会逐渐缩小。

（3）不尊重别人的隐私

有的老板因为工作关系，掌握了员工们的很多基本信息。他认为这些信息泄露也没有什么关系，于是常会无意或者有意地提到员工们个人隐私问题。有的老板甚至将这些隐私作为一种"辅料"，在斥责员工时，会列举员工的相关隐私问题进行说明，这种行为也是对他人的不尊重。

（4）随意挪用员工的私人物品

有的老板会随意挪用员工的私人物品。他们认为，公司里的一切物品都是属于自己的。没错，大部分公司会统一发放给员工一些办公用品，但既然发给了员工，就属于员工的私人物品。不经主人的允许，就随意翻动甚至挪用，是很不尊重人的一种表现。

大部分员工面对这样的状况时，都不好意思直接表达意见，毕竟老板是自己的上司。但即便没有表达出不悦，心里也会觉得很不舒服，认为老板随意翻动自己的物品是不尊重自己的行为，心底会为了此事而心存芥蒂，甚至会影响工作。

 思 考

1. 你的老板是有礼貌的老板吗？请分享一两个真实的故事。

2. 如果你是老板，你如何理解"尊重员工利于企业的发展"这一理论？

坏老板易背信弃义，好老板讲究诚信仁义

> 背信弃义的人，虽然能够得到短暂的利益，却会失去商场中最重要的品质——诚信。有的老板认为，我对他人失去了诚信，抛弃了仁义也无妨，反正我得到了利益。可是丢弃了真正的做人原则，连基本的仁义都没有的人，路会越走越窄，朋友也会越交越少。这样的老板长久下去，就会变成孤家寡人，事业也不会有太大的进展，更谈不上什么长远的发展潜力了。

刘青原本是一家软件研发公司的设计总监，工作中一直十分勤恳，受到了领导的赏识和下属们的爱戴。后来，领导由于外派学习，总部就调来了一位新的领导——陈老板。

一开始刘青和陈老板相处还算融洽，陈老板交代的工作刘青都能够及时地完成。刘青性格比较宽厚，有时对于陈老板在工作中的一些苛刻的行为也不会多言，只想着做好自己的本职工作。

有一天，陈老板打电话告诉刘青，自己遇到了一些问题，需要他的帮助。刘青放下电话后立刻赶赴了约定地点，原来陈老板外出签合同的时候，不慎扭伤了脚腕。刚来这座城市不久的他想不到找谁帮忙，于是只能求助于刘青。刘青二话不说，就带着陈老板到医院就诊，并且在那段时间内，帮

助陈老板分担了很多非本职工作。

陈老板之后一直对刘青表示感谢，并许诺自己在今后会好好回报刘青。没想到，半年之后，由于陈老板决策失误，导致公司在一个项目上亏损了不少钱。总部派人来调查项目问题的时候，陈老板没有主动地承担起自己的责任，反而将全部责任推给了刘青。刘青知道这件事情后十分生气，他没想到自己坦诚相待的老板，竟然在关键时刻诬陷自己。幸好后来总部将事情调查清楚，还了刘青清白。而陈老板因为这件事情，得到了应有的处罚。

背信弃义的陈老板与那些口是心非的老板有一些相同之处。他们都是表面上露出一副亲切、仗义的模样，背后却暗中"插"朋友或者下属的"刀"，让人防不胜防。

一个人一旦失去了信誉，就会丧失同事和朋友。别人无法相信他可以真诚待人，自然就会离开他。

其实，诚信地面对他人，面对生活，是对自己人生的负责。品德的修养不是为了别人，而是为了自己。中华民族自古以来就是礼仪之邦，从古至今，人们都将"信义"摆在首位。儒家文化所提倡的仁、义、礼、智、信更是信义的扩大和延伸。生活中，你重视信义，以此为标准做事情，就能够得到周围人的信任。

背信弃义的人，虽然能够得到短暂的利益，却会失去商场中最重要的品质——诚信。有的老板认为，我对他人失去了诚信，抛弃了仁义也无妨，反正我得到了利益。可是丢弃了真正的做人原则，连基本的仁义都没有的人，路会越走越窄，朋友也会越交越少。这样的老板长久下去，就会变成孤家寡人，事业也不会有太大的进展，更谈不上什么长远发展的潜力了。

古代的晋惠公由于背弃承诺，不行仁义，最终导致人心向背，不得不自绝于天下。这就告诉我们，不会有人喜欢背信弃义之人的，固执者终将失去人心，会为自己的空言和行为付出巨大的代价。

那么，员工该怎样做才能避免被背信弃义的老板所影响呢？

（1）多留"证据"

与背信弃义的老板相处，员工应该多留心，凡是重要的事情，一定要留下证据和相关证明资料，以备不时之需。比如你独立研发了一款软件，就应该将核心技术保护好，如将能够证明软件研发版权的材料收好，防止有些容易见利忘义，背信弃义的老板会空手抢夺知识成果。

（2）落实"证据"

有的老板习惯性"赖账"，应对这类老板时，员工应养成"落实证据"的习惯，即留存纸质"证据"，或者找第三方进行公证。避免在今后发生意外时，由于权责说明不详，而给了老板将责任全部推给你的机会。

（3）讲究语言艺术

如需与一些背信弃义型的老板共同合作某一项目时，聪明的员工要善用语言艺术，与老板进行充分沟通，并用言语提醒他，如果履行诺言，那么他会得到丰厚的报酬，以此激发他的公平参与性。

如果不幸受到了来自于背信弃义型的老板的诬陷或者损失，在必要的时候应该据理力争，采取正规的途径进行申辩。但需要注意的是，要把握好自己的语言和态度，不能过激，让问题复杂化。

▶▶▶ 思 考

　　1. 职场生活中，你遇到过"背信弃义型"的老板吗？请分享一两个真实的故事。

　　2. 如果你是老板，你会"背信弃义"地对待你的员工吗？为什么？请简单分享你的见解。

坏老板管理严苛爱控制，好老板宽严适度

> 一个不会正确把握领导艺术的老板是刻板的，是不利于企业健康活跃发展的。一个优秀的老板，应该是企业的领军人物，是团结员工共同为企业创造利润的人。老板既是雇佣员工的人，也是应该在管理中帮助员工的人。

有的老板宽严不适度，认为管理，就是要完全占据统帅的地位，不能容忍任何人撼动自己掌控全局的地位。命令就是他们唯一与下属交流的方式，控制是他们领导企业的唯一目的。

一个不会正确把握领导艺术的老板是刻板的，是不利于企业活跃发展的。他们经常会在工作中动怒，常常也会抱怨员工们不好控制。这是因为他没有正确地认识到自己在企业中的地位和作用。一个优秀的老板，应该是企业的领军人物，是团结员工共同为企业创造利润的人。老板既是雇佣员工的人，也是应该在管理中帮助员工的人。老板和员工除了职位不一样，在社会中享受的基本权利是一致的。

那些极具"控制思维"的老板在工作中常常会有以下的行为特征：

（1）管理严苛，不近人情

无可厚非，员工应该遵守并执行公司的一系列规章制度，但是不排除有时候员工会因为特殊情况而影响工作进度。控制型老板不会考虑员工为

什么在工作中出现这样的行为，他们只会斥责员工，这是在情感上冷落员工的一种表现。员工会觉得在这样的工作氛围中感受不到一点人情味，工作起来更像是机器一样。这样的老板带领的企业是留不住人才的，一旦企业发生一点变动，就会面临着人才损失的危机。

（2）固执己见，难以接近

领导力在控制型老板的眼中就是至高无上的权力。他们认为管理员工，就是要让员工们对于自己完全地服从和尊重。对于员工提出的某些措施的意见和建议时，他们会变得暴躁，并拒绝接受。他们不会对员工们的新型发散思维和对工作负责的态度感到喜悦，而是认为员工这么做，是在挑战自己的底线。如果不加以"打压"，就会严重威胁到自己的领导地位。所以他们会坚持己见，无视别人的意见或建议，最终形成"铁腕型"的领导风格。

（3）行为刻板，不能变通

大多数控制型的老板在工作中都不能灵活变通，他们的心中自有一套管理体系，用于处理自己与员工之间的关系。一旦和员工共同工作期间，遇到了超出管理体系标准的事情，就会感到不知所措。

遇到了这样的老板，如果短时间内没有办法离开，那么就应该掌握一些方法，让这一类型的老板尽可能地少"为难"你。具体方法如下：

①提高工作效率

控制型老板的管理方式比较严苛，为了避免他们在工作中"挑刺"，员工应该提高自己的工作效率，合理分配工作进度。工作效率提高之后，员工就能够在完成工作的同时遵守老板在制度、规定方面的要求。

②主动分担工作重任

控制型老板对于工作效率和进度有着严格的要求。如果员工手头上的工作完成之后，不妨主动向老板提出愿意帮助他分担重任。这样一来，既显得员工在工作中积极主动，又向老板展示了员工的工作能力。从而让老板逐渐将注意力转移到员工的工作中，减少在管理、命令时候对员工提出其他要求。

③除了工作，避免与此类老板过多接触

在工作中习惯命令和控制员工的老板，很有可能将这种情绪带到生活当中。在公司与老板谈完有关工作的事宜之后，员工应尽量避免在生活中再与老板产生太多交集。否则会将工作中的不良情绪也带入到生活当中，使工作和生活失衡。

④试图理解老板，化解自己的情绪

有时候老板太苛刻，会让员工觉得气愤难耐。这时候员工应该转变思想，让自己的情绪恢复正常。员工可以将老板当成是一个不能灵活变通的同事，缺乏灵活面对人际关系的能力。对于这样的人，尽量去理解，甚至去同情他。这么想，员工就不会觉得太气愤了，或许员工的工作状态也会因此变好。

 思 考

1. 你在以往的职业生涯中遇到过"控制型老板"吗？请分享一两个真实的故事。

2. 如果你是老板，你会如何平衡与员工之间的关系？

坏老板缺乏企业精神，好老板重视企业精神

> 企业的重要组成部分是人，而不是机器。人拥有着丰富的情感，作为管理者，从感情互通的角度入手进行企业管理，可以让管理变得更加人性化，变得更加切合企业实际的发展需求。企业发展离不开企业文化，企业文化是企业管理中的重要根基，也是企业管理理论的一座重要里程碑。

随着市场消费潜力的逐渐增加，很多高瞻远瞩的老板都开始关注如何从企业素质、企业精神文化方面塑造企业的核心竞争力。可是仍旧有一些老板，只顾关注企业利润增长了多少，业绩增长了多少，完全不关注企业文化在企业经营中的巨大作用。这一类老板在领导中忽略了对企业长远机制建设、改革的思考，看不到精神文化背后蕴藏的重要价值观。他们看不到建设企业的精神文化是提高管理效能的重要武器。

《管理实践》的作者杜拉克在书中对企业精神的地位做出了说明，企业精神文化是企业成员价值观的集中体现。要想融入企业的文化，就需要付出不断的努力。企业文化是企业管理中的重要根基，也是企业管理理论的一座里程碑。

曾担任通用电气公司 CEO 的杰克·韦尔奇说过："健康向上的企业文

化是职场竞争中战无不胜的功力源泉。"海尔集团的张瑞敏也将企业精神文化建设纳入海尔的重要工作议程，并指出，企业文化就是企业的核心竞争力。

不重视企业精神的老板不会依赖人才，不会采取合理、有效的方法留住人才。在这样的老板手下工作，员工无法充分地发挥自己的特点。因此，不能成功地注重企业精神的老板无法塑造良好的工作环境，自然也就无从营造出色的企业文化。

员工选择一家企业，就是为了实现自我价值，这也是现代企业管理中一项重要的目标。但是关注利益的老板，没有意识和精力去培养员工的工作技能，只是一味地催促团队完成业绩计划。没有对企业文化的正确感知，员工就无法在"一心一意搞生产"式的企业经营中有所建树。

国际上优秀企业的领导者对于企业文化的建设从来不会懈怠。有人这样形容 IBM 公司：走进去就像是到了一家充满信徒的公司，你必须放弃个人意志，才能生存下去。如果你要离开公司，就像进行了一次移民一样。这就是企业精神文化影响的深入性。

在松下公司，老板不会只倚重个别员工。在企业内部，每个员工都是总裁。这样的管理方法，是为了激发员工一起为企业发展献计献策，并且刺激了企业员工之间对于经营方针、生产和销售环节的积极参与性。

松下幸之助有一句名言："要在造物之前先造人。"通过两个知名企业对企业文化的阐述，我们不难看到：精神文明建设对于企业有多么重要。忽略企业精神，老板就无法在企业内部形成民主的精神，员工们就失去了自我实现需求不断满足的"活水"。在东芝电器公司，有一个名为"社长室开放"的独特规矩。每天早上七点三十分到上班时间截止，公司的员工和各高级领导都会来到公司的最高决策部门——社长室进行一对一的谈话。谈话中，很多员工对于企业的发展和经营都会提出很多中肯的意见和方案。

没有精神文化的企业只是一个空壳。缺乏企业精神的员工，就没有对企业的向心力，自然也就无法对企业发展做出贡献。

此外，老板不正确的价值观也会让企业经营变得举步维艰。这样的老板、这样的企业，终究会在众多竞争中惨败收场。

 | 思 考 |

1. 如果你是老板，你如何看待企业精神对公司经营的影响？

2. 你遇到过没有企业精神的公司吗？请分享一两个真实的故事。

坏老板公私不分，好老板公私分明

> 公与私是不同的利益属性。实际生活中，公私之间经常会发生矛盾，甚至会出现公私不分的情况。能否公正地处理公私之间的关系，是衡量一个老板是否称职的标尺。

孟欣是一名大四的学生，临近毕业的时候，她来到一家文化公司实习。

实习之后孟欣发现，这家公司虽然只是一家私营企业，可是企业氛围中充满了官僚作风的气息。上下级之间等级十分森严，领导们十分看重"关系"，一旦得罪了某位领导，直接会面临"丢饭碗"的危险。

孟欣被分到了策划部，这个部门原本应该是源源不断地为公司所有项目进行策划的重要部门，但是工作效率却十分低下。

一个周末的下午，部门领导通知让大家集体赶到某小区门口集合。孟欣和同事们赶过去之后才发现，原来领导叫他们过来是为了帮助他搬家，竟然在休息时间提出这样的要求，孟欣觉得十分不能接受。

这时候，孟欣的学校突然打电话通知她有些毕业生的表格需要填写，让她马上回去一趟。孟欣想现在领导反正也是在干私事儿，就向领导请假回学校一趟。领导表面上没有说什么，准了孟欣的假，却心生不悦。

第二天，孟欣接到了人事专员的电话，通知她明天不用去实习了。从同事那里得知，原来就是因为孟欣那天没有帮助领导搬家，让领导记挂上心了，于是才不让孟欣回去实习。

很多公私不分的领导，会理所当然地提出许多不合理的要求。如果处理不当，员工很可能会因为这些不合理的要求而莫名其妙地被解雇。很多员工面对老板提出的不合理要求时，都无法正确地处理好。一方面，他们认为自己拿了老板的工资，不好意思拒绝其提出的不合理要求。而另一方面，他们又怕得罪老板。

公与私是不同的利益属性。实际生活中，公私之间经常会发生矛盾，甚至会出现公私不分的情况。能否公正地处理公私之间的关系，是衡量一个老板是否称职的标尺。公私不分的老板，经常会混淆工作的性质。形成习惯后，会在私人时间打扰员工的休息，时间长了会引起员工的反感，形象也会大打折扣。

聪明的员工是不会接近那些只想着占别人便宜的老板，因为他们知道，这样的老板思想上存在很大的缺陷，心胸和视野也不够开阔。这样的老板在国际市场竞争激烈的情况下，很难有什么魄力去成就事业。那么，遭遇公私不分、权力至上的老板时，员工该如何正确应对呢？

（1）找借口推托掉

真的碰到关系至上的老板，最好的方法就是找借口推托掉。告诉对方自己手头上有紧急的工作需要处理，或者自己没有能力办好老板交代的私事。比如，老板让你假期帮助他准备一份演讲报告，你心里肯定是极其不愿做的，你可以说："我今天不舒服，担心不能替您写好稿件，实在是抱歉。"

如果老板让你帮助他在周末办理一些私事，你可以回绝说："不好意思，老板，我和别人约好时间了。"

如果老板让你在下班之后帮助他办理一些私事，你可以自然地说："恐怕不行老板，今晚我有个约会，早就和朋友们定好了，不方便更改行程。"就这样一拖再拖，老板最后不会执着于找你帮忙了。

此外，如果老板在工作时间内找你帮忙，你可以说："老板，XX 项目我还有份报告书没有写完，今天等着急用呢。"或者："您说的这类型的稿件我之前从来没有写过，这次恐怕帮不上您的忙了。"采用适宜的拒绝方式，既不会引发老板的反感，也能够打消老板总让你做私事的念头。

（2）讲究沟通技巧

面对注重关系的老板，员工不能硬碰硬，但是也不能一味顺从，不懂拒绝。在遇到自己难以完成的工作时，应坦诚地与老板沟通，应向老板传递这样的讯息——不是你不想帮老板做事，而是因为自己做不好，或者私下时间确实安排不开的缘故。如此一来，老板也就不会对你大加指责。

（3）保证私人时间

职场的工作固然重要，但是对家人的陪伴同样重要。总是因为老板交代的私事，而影响自己的家庭关系，也不是成熟的做法。本来周末就要好好陪伴家人，如果老板再塞给你很多额外的事情，那就两头都兼顾不好了。

下班之后可选择关闭手机，拒绝一切"信息污染"，将更多的精力放在与家人相处上。如果老板有私事找你，打电话发现你关机之后，也不会再频繁地拨打你的电话，而是会选择让其他的下属帮他。

没有了老板的"私事骚扰"，下班之后的你，就可以脱下重重的防备，以最自然和轻松的模样享受生活。

 思 考

1. 孟欣的故事给你带来了哪些启示？

2. 你遇到过公私不分、关系至上的老板吗？你是如何应对的呢？

坏老板吝啬至极，好老板大方舍得

> 只有具有宽容、大方等优秀品性的老板，才能带领企业走向良性发展圈。一个企业要想成功，很重要的就是要依靠老板的领导力。吝啬的老板创业之后，很难带领企业走向成功。因为他的性格和心理缺陷使他无法在社会上建立一个正常、和谐的人际交往圈。

唐斌毕业之后进入了当地一家文化公司工作。他的老板是一位四十多岁的中年人，表面上看起来很精明。原本唐斌以为自己会和老板学到很多的知识和技能，一段时间后却感到老板的吝啬让他常常很无奈，工作也变得很不顺心。

刚工作时，由于工作中缺少一台单反相机，唐斌就根据前辈们的建议向老板申请，希望老板能够添置一台单反相机。谁知道申请报告发过去，老板迟迟没有动静。唐斌没办法，只好硬着头皮当面向老板提出了申请。可是老板却说："小唐啊，有能力的话还是你自己解决一下设备问题吧。我们公司最近呢，财政遇到了一些困难，实在是批不了你的申请。"唐斌没办法，为了更好地开展工作，只好自费添置了一台单反相机。后来他才从同事口中得知，老板手里的经费是足够的，只是他十分吝啬，把很多经费都揣到了自己的兜里，员工们购买很多办公用品都需要自己解决。

还有一次，唐斌去办公室给老板送一份文件，正要敲门进去，听见里面传来了这样的对话：

"老板，发行部主任最近病了住院，您要不要去看望一下？"

"我去看他干嘛，还得送什么慰问的礼物。有这钱我还不如花到其他地方去。"

站在门外的唐斌吃惊得说不出话来，平日里发行部主任为人和善，热心助人。前几天因为胃病住院，很多同事都自发地去看望他，只有老板没有去，借口是"工作太忙，抽不开身"。谁知道老板其实是因为吝啬那点礼物钱。团队成员们之间的感情，在抠门的老板眼中，都不值一份礼物的价钱。

不仅如此，唐斌发现老板几乎是"一毛不拔"。除了平日规章制度上规定的工资照发，如果员工私下组织聚餐或者其他活动，老板从来都不参加，唯恐为聚会埋单。

老板如果家庭条件有困难，这么吝啬也还有情可原。可是他和夫人的收入都很高，子女已经工作了，基本没有什么负担。据公司的老员工说，自从老板从上一任退休的老板手里接过"指挥棒"之后，公司的业绩明显不如以前了。半年之后，唐斌在这家公司看不到发展的希望，便毅然辞去了职务。

大多吝啬的人被自私自利的思想蒙蔽了双眼，他们几乎不能体会人们之间的感情，亲情、友情对于他们来说都是无所谓的东西。他们只会看到自己手中的权力，并时刻想着如何运用这些权力为自己创造更多的利益。

掌握着企业发展命运的老板如果吝啬小气，下属们会对他敬而远之，合作伙伴也可能才与其进行了一次合作便失去了兴趣。身边的同事、朋友可能原本对他还十分照顾，但是发现这个人太过吝啬的话，也会逐渐离他远去。

吝啬的老板几乎不会帮助别人，也不会有知心的朋友。当别人遇到问题时，他不会主动提供帮忙，因为他舍不得花费自己的精力和金钱。甚至在一些拓展维护人脉的社交场合，如企业内部的聚会、社会中的聚会、老同学聚会等，你都很难看到吝啬老板的身影。他们不会关心一次聚会能够给他带来什么样珍贵的体验和价值，在他们看来，只要是花钱的活动，就不是优质活动。

优秀的老板应该是具有宽容、大方品性的品质，这样才能带领企业走向良性发展圈。一个企业要想成功，很重要的就是要依靠老板的领导力。吝啬的老板创业之后，很难带领企业走向成功。因为吝啬老板的性格和心理缺陷使他无法在社会上建立一个正常、和谐的人际交往圈。

但需要区分的是，有些企业老板的"抠门"，是基于一种节约精神之上的对于资源的珍惜，他们能够在"抠门"中制造出更大的效益。而吝啬的老板是一种极度的自私思想之下的行为，显然与这个变化迅猛的时代不相适合。

 | 思 考 |

1. 唐斌的故事给你带来哪些启示？

2. 你遇到过吝啬的老板吗？你是如何应对的呢？

Chapter⁹

向好老板学做赢家：

助你在职场中胜出的 9 件事

明确定位：你是给自己还是给老板打工

> 历经战争洗礼的拿破仑在回望历史时说："不想当将军的士兵不是好士兵。"同理，在现代职场中，不想当老板的员工，也不算是优秀的员工。

有的职场新人会说，给别人打工与给自己打工没什么本质区别啊！真的是这样吗？

给别人打工，始终都要遵循着别人的经营理念和思路，无法真正地放开手脚实现自己的事业理想。只有当别人认可你的创意和想法时，你的才华才能创造财富，否则就是一场空谈。如果你失去了为别人工作的机会，职业发展也就走到了尽头。

给自己打工，可以尽情享受现代化的发展环境，可以随心所欲地施展你的才华，实现你的社会理想。你可以按照自己的人生目标和计划自主地进行财富的积累，同时修炼自己的综合素养，而且这种创造财富的过程不会因为外界的力量而丧失，只要你肯坚持，最终就能创造价值。

给自己打工，除了需要积累充足的经营技巧，还要有抓住转瞬即逝的发展机遇的能力，同时还要培养自己的情商、智商、经验等多方面的才能，具备了这些，再加上机遇这场东风，你就能像成功的前辈企业家一样创造属于你自己的一桶桶金。

李莹是中国地区宝马总代理。曾经是北大著名才女的她，从 23 岁开始着手自己做汽车贸易生意。短短的三年时间内，她赚取了千万利润。初入商场的她展现出惊人的经商天赋，并对国内汽车产业形成了一定的影响力，被评为"中国经济女性杰出贡献人物"。

二十世纪九十年代初，面临毕业的李莹其实也有其他进入知名企业工作的机会，但是她毅然选择了下海经商。她要为自己打工，创造属于自己的商业神话。刚开始经商时，李莹就表现出了敏锐的市场眼光——从德国进口二手奔驰和宝马，再到国内进行专卖，减少了当时国内规定需要交纳的二手车税。用这个方法，她赚取了自己的第一桶金。

2004年，宝马在中国寻找经销商，李莹从2 000多名竞争者中脱颖而出，成功拿下了代理权。李莹之所以能够成功，是因为她有着坚定的目标，知道自己想要什么。她对自己的事业充满了热情和耐心，有人说李莹是一个商业神话，其实她更像是一步一步耕耘，踏实获得成功的开拓者。

那些想要自己创业的职场人，要坚定自己的事业理想，不能因为别人的话语或者环境的风吹草动就改变初衷。创业最重要的也是对于目标的选择，这需要创业者对市场和相关专业领域做充分的市场调研。

确定了目标之后，还要有足够的勇气，不怕失败，不怕犯错误。如果畏首畏尾，瞻前顾后，那么就没办法去承担极具挑战性的创业重任。

创业不要担心犯错，任何一个成功的企业家都是在挫折和错误中不断学习和前进的。每一次错误或者成功的经历都是宝贵的经验，这些是在书本上学习不来的。

放弃为别人打工的想法，挑战自我，放手去搏一回，在追求卓越的过程中彰显你的智慧和本色！

 思 考

1. 李莹的故事给你带来哪些启示？

2. 现实工作中，你是"老板思维"还是"员工思维"？

树立心态：以老板的心态工作，前程更广阔

> 优秀的员工应该树立"主人翁"意识，而不是把自己当作是企业的普通员工，你就是老板，你就是企业的重要支柱。你需要时时刻刻将企业的利益放在第一位，以老板的心态工作，可以让你看到更广阔的世界。等到时机成熟，你才能真的有能力走上老板的岗位。

欧姆龙集团创立于 1933 年，经过几十年的奋战，已然发展成为日本第一家专门从事工业自动化产品生产的公司，其名下分部和连锁集团已经遍布了全球。

欧姆龙的创始人立石先生在工作中总是向周围人们强调："每一个员工要向社长一样思考自身的工作，工作中要有老板意识。""像社长一样思考"的管理、工作理念伴随着欧姆龙的成长。这一理念的提出，不仅让员工们保持了一种主人翁意识，也提高了他们的工作积极性。当员工意识到企业的利益和发展与自己息息相关后，就会下意识地提高自己的工作效率，继而推进企业的健康发展。

欧姆龙公司为了培养部门经理们积极向上的价值观，制定出一条"严苛"的规定，即在公司工作 6 年之后，必须休假三个月。这么做不是为了让这些经理们彻底地休息，而是给他们充足的时间去考虑自己的人生和事

业发展，从而进行全新的规划。令人惊奇的是，在欧姆龙的经理们休息时，下属们并没有出现散乱的状态，而是能够像往常一样，自觉地工作。这一现象说明，欧姆龙的员工在工作中时刻以老板的心态工作，主动承担责任，积极面对工作。这样的员工不仅为企业创造了良好的业绩，也在不断地锤炼自己的能力。

以老板的姿态工作，还应该注重团结协作。一个人的力量是有限的，只有和团队、同事合作，才能高效地完成工作。学会合作也是员工成功的必修课之一。

想要让老板注意到你，了解你的能力，需要寻找并抓住每一个可以促使自己和公司共同发展的机会。以老板的心态要求自己，督促自己，鞭策自己。要知道，员工与企业的命运是息息相关的。钢铁大王卡耐基曾经劝告年轻人："无论在哪里工作，都要将自己看作是公司的主人，而不单单是一个普通人。"

优秀的员工应该树立"主人翁"意识，而不是把自己当作是企业的普通员工，你就是老板，你就是企业的重要支柱。你需要时时刻刻将企业的利益放在第一位，以老板的心态工作，可以让你看到更广阔的世界。等到时机成熟，你才能真的有能力走上老板的岗位。

 思 考

1. 欧姆龙的故事给你带来哪些启示？

2. 你在企业中是否具有"主人翁"的意识？请分享一两个真实的故事。

习惯优秀：优秀的习惯为你打开成功之门

古希腊哲学家亚里士多德说："优秀是一种行为习惯。"好的习惯可以帮助我们不断积累能量，让自身实现从量到质的飞越。成功与失败之间只有一墙之隔，这堵墙壁就叫作习惯。人们选择不同的习惯，就等于选择了不同的人生。好的习惯可以帮你打开成功之门，坏的习惯会让你跌入泥潭。

2009 年 4 月，新东方集团的领导人俞敏洪在山西一所大学演讲时，向现场同学们说道："世界上有两种人，一种人遇到困难和失败以后就会害怕，就会绝望地倒下去，这种人一般来说一辈子都会以失败者的形象出现；另一种人遇到困难和挫折以后，会用勇敢的心和坚韧不拔的意志对待，这样的人在未来是容易做成事情的。生活总会遇到困境，但是结果却不一样，如果你停下来，生活就永远是这样了；如果你肯坚持往前走，就会渡过难关。"

成功与失败之间只有一墙之隔，这堵墙壁就叫作习惯。人们选择不同的习惯，就等于选择了不同的人生。勤恳是一种习惯、宽容是一种习惯、耐心是一种习惯、热情是一种习惯、懒惰是一种习惯、拖延是一种习惯、放弃也是一种习惯。好的习惯可以帮你打开成功之门，坏的习惯会让你跌入泥潭。

正如俞敏洪所说的那样，人的行为就是在习惯中不断地发展。遇到困难和险境，坚持勇往直前，就是一种勇敢的习惯。古希腊哲学家亚里士多德说："优秀是一种行为习惯。"好的习惯可以帮助我们不断积累能量，让自身实现从量到质的飞越。

习惯不是一次两次的行为就可以养成的。只有将优秀的习惯形成"潜意识"才能成为习惯性动作。知识的积累，心理素质的强大，视角的扩大，都是优秀的习惯，是行为不断重复的结果。

俞敏洪曾经在演讲中谈起了春困现象，他说："春困的突出特征就是越睡越懒，越闲就越懈怠。怎么避免？我觉得要适当地控制睡眠，比如正常人一天7个小时的睡眠时间就足够了。否则的话，你就会进入一个恶性循环，睡得越来越多，精神越来越差。"的确如此，你越觉得自己抵抗不住春困，就会变得越发懒惰。只有打起精神，控制住自己的行为，才能养成良好的习惯。同理，一个人一旦形成某种习惯，就会不自觉地做出相适应的行为和动作，会对这种习惯产生依赖。

人们在出生时，都像是一张白纸。除去天生的基因，其他的行为习惯都是白纸旁边的彩色颜料。一言一行中塑造着我们的习惯，一举一动里反映着我们的发展趋向。好的习惯让你在人生的白纸上增添了很多动人的图画，而坏的习惯会将白纸变得拥挤、错乱不堪。那么，我们该如何在人生的白纸上增添更多"动人的图画"呢？

（1）多读好书

每天抽出半个小时读书，知识的浸润可以让你的头脑保持清醒，为你的生活增添一些色彩。

（2）多做决定

每天试着在工作中做出一个小决定，并且付诸实施，以此培养自己的决断能力，养成良好的行动力和实践能力。

（3）多微笑

每天努力对不同的人微笑，培养自己在职场中面对繁重压力仍能调节情绪的能力。

（4）提高工作效率

每天保证今日事今日毕，高效率的工作才能创造更高利润的价值。逐渐培养自己良好的工作习惯，不因庞杂的事情影响进度，是一个优秀员工所必备的素质。

为了追求自己的职业理想，为了创造理想中的幸福生活，员工需要发挥自己的积极性、主动性。用实际的努力和坚持打造良好的习惯，摒弃不良的习惯。这样才能走向成功的人生。正如著名的心理学家、哲学家威廉·詹姆斯说的那样："播种一种行为，你将会收获一种习惯；播下一种习惯，你将会收获一种性格；播下一种性格，你将收获一种命运。"让优秀成为一种习惯，让自己成就一段美丽人生。

形成优秀的习惯是一段漫长的路程，路上充满了其他诱惑和艰难险阻。只要坚持不懈，走过这条路，就能享受到好习惯给你人生带来的改变。正如美国教育学家曼恩所说："习惯像是一条绳子，每天我们都缠上一股，时间久了之后，它就会变得十分牢固。"

 思 考

1. 俞敏洪的话给你带来哪些启示？

2. 请分享一两个你认为行之有效的培养优秀习惯的方法。

管好时间：不会管理时间，终将一事无成

> 很多员工会感叹时间根本不够用："我没有时间。""怎么一转眼时间竟然过得这么快！""时间又来不及了"……实际上，一天8个小时工作时间对于善于管理时间的职场人来说是足够用的。而那些不会管理时间的职场人，就将时间白白浪费掉了。

著名的管理学大师杜拉克认为，一个人如果连时间都管理不好，那么就会一事无成，可见时间管理的重要性。在国外，时间管理学早就火热了起来。研究者认为，管理时间，就是管理成功，是一种最高境界的管理。那些不善于管理时间的人，所拥有的时间财富就被"时间窃贼"白白偷走了。那么，"时间窃贼"到底长什么样子呢？人们到底是在什么时候让时间财富从指缝中溜走了呢？

（1）寻找东西

据有关调查显示，公司职员每年花在找东西上的时间大概有一个半月的时间。这意味着，将近一年的十分之一时间里，人们都在寻找各种各样的东西。那么怎样才能避免老是找不到东西呢？

首先，你可以利用备忘录和记事本，每当自己准备将某样东西放到某一个地方时，你可以做以简单的记录，避免自己下次像无头苍蝇一样乱撞。

其次，你还可以定期进行大扫除和大整理，没用的东西应该果断地丢弃。

最后，其他东西定期整理后放置在别的地方，好好保存，并在备忘录上做好标注，将比较重要的物品放置在较为显眼的位置。

（2）懒惰

人们经常会给自己找各种各样的理由实施偷懒行为，可是往往在偷懒过后又后悔自己的行为。为了避免自己再找机会偷懒，导致工作延迟，你可以比别人提前开展工作。这样一来，即便过程中你有偷懒的情绪，最后也不会耽误工作的进度。

（3）思想开小差

工作时，人们难免会有思想"开小差"的情况，手中正在进行的工作，也会因为"思想跑偏"而中断。通常来说，断断续续的工作要比连贯的工作延迟更长时间。因为工作停顿后再重新开始，是需要我们重新调整情绪和工作状态的。

为了避免自己思想开小差，尽量避免自己在嘈杂的环境中工作。找个安静的地方集中精力工作，可以让你免受打扰，沉静心情去工作。

（4）突发情况

有时正在进行一项工作时，难免会有突发的情况发生打断你的工作。遇到突发情况，尽量保持不要慌乱，静心思考一分钟，想出对策后，按步骤进行。切勿一边思考应对突发情况的策略，一边工作。

（5）沉溺于过去

大部分人都爱回忆过去。可是如果在工作中花费大量的时间回忆过去，或者总想着以前犯过的错误，丢失的面子，抑或纠结于过去做的一些事情，会打乱你的工作思路并挫败你的自信心。

定期往回看，反省自己，固然是一种好方法，可以提醒自己避免过去的错误，不断地努力。可是如果你频繁地沉陷于对过去的回忆，而影响自己的工作时，就是不理智的行为了。

（6）办事拖拉

有时一件简单的事情，人们会花费很多时间去思考和执行。执行的过程中不够专注，总是担心一些还未发生，甚至根本不会发生的事情，这在无形中就耽误了我们宝贵的时间。如果做出一个深思熟虑的决定，就应该果断地去执行。将其他事情搁置一边，等任务完成后再回过头来用心检查、思索、补充、完善，如此才不会办事拖拉。

（7）盲目行动

有些人性子比较急，接到一项任务时，经常还没有充分了解任务要求，就已经开始行动了。这类人往往会在行动的中途发现自己执行任务的方向出现了偏差，只得从头再来。为了避免这种错误的发生，就需要员工培养自己冷静的办事风格，凡事三思而后行。

 思 考

1. 你是善于管理时间的人吗？请简单分享一两个真实的故事。

2. 上述几种"偷走时间"的行为中，你认为哪一种是自己比较常见的呢？

修炼格局：格局有多大，就能走多远

> 修炼格局，是对自己内心的终极管理。一个人事业的成就和内心的格局是分不开的。拥有大格局之人，能够站在高处看世界，具有高瞻远瞩的目光，能够准确、细致地观察周围世界，把握未来的发展方向。

落日余晖中，几个人在岸边钓鱼。一旁几位遛弯的市民一边欣赏美景，一边在旁边观看那几个人钓鱼。

不一会儿，坐在中间位置的垂钓者用力扬起了鱼竿，一条约三尺长的草鱼咬着鱼钩被甩出了水面。钓上鱼之后，那个人又将鱼嘴里的鱼钩取出，将鱼放回去河里。

市民们开始议论纷纷，人们不理解为什么他钓上了大鱼竟然又放回了河里。正说着，这个人又钓到了一条大鱼，体型比刚才的那条还要大一些。垂钓者摇摇头，又把鱼放回了河里。

十几分钟后，垂钓者的渔浮又有了动静，这次钓上来的仅仅是一条一尺多长的小鱼。人们吃惊地发现，刚才放弃了两条大鱼的垂钓者，竟然满意地将小鱼装进了桶里。

"嘿，老兄，你为什么将大鱼放回去，只要小鱼啊？"河边护栏后面的市民中，有人发出了这样的疑问。

垂钓者缓缓地回答道："用小鱼做晚上的菜足够了，鱼大了也吃不完，这不是浪费嘛。"

舍大鱼而取小鱼，这是何种的度量和心胸。取大取小，全由自己决定，而不受周围人眼光的左右。

修炼格局，是对自己内心的终极管理。一个人事业的成就和内心的格局是分不开的。拥有大格局之人，能够站在高处看世界，具有高瞻远瞩的目光，能够准确、细致地观察周围世界，把握未来的发展方向。

成功的老板心中都拥有大格局，他们不会从"狭窄的门缝"里看世界，而是以长远的、可持续的、全局的眼光看待问题，这也是内心大格局的表现。人心中的格局有多大，人生就可以有多么宽广。人生格局由你的人生态度决定，由你的胆识和魄力决定。

修炼自己的格局，要志存高远。将目标定的高一些，来激发你的动力，促进你积极努力去实现目标。

此外，还要修炼心态。好的心态可以保障你工作时候的状态，也会让你的人生格局变得更加和谐。而学会能进能退也很重要。能进能退、能屈能伸，才能让自己在低谷时不气馁，高峰时不骄躁。能屈能伸的人生，才是丰富而充满意义的人生。

格局扩大了，即便遇到绝境，你也会置之死地而后生。这是一种对待生活的气魄和力量，这样的人生才不会留遗憾。敞开心门，不断地修正自己，修炼成大格局，职场之路才能越来越宽广！

▶▶ ▶ **思 考**

1. 钓鱼者的故事给你带来哪些启示？

2. 你注重格局的修炼吗？谈谈你的理解。

开阔眼界：视野越开阔，人生越多姿多彩

> 开阔视野、提升眼界，就可以扩展自己的人脉交际"圈子"。不同的人与际遇可以带给你不同的体验和感受，可以让你在有限的时间内获得不同人生的体验。

郭颖在一家外企工作，工作清闲，收入也很高。在外人眼中，她现在的生活可谓是甜如蜜了。可是郭颖的内心中，对于事业的发展常有一种不安的感觉。

她明显能感觉到，现在的市场竞争越来越激烈，自己所处的行业也面临着很多挑战和危机。为了更好地工作，也为了增加自己的职业竞争力，郭颖经常利用业余时间提高自己的不足。每当城市中有相关专业的研讨会和展览会，她都会积极参加。私底下还自学了日语和德语。平时同事们总劝她："小郭，你把自己整的那么累值不值啊！有这时间多享受享受生活多好啊！"可是郭颖心中明白，自己不努力，总有一天会被这个行业抛弃。

经常参加同行业举办的专业活动，使郭颖的眼界逐渐打开了，这更加刺激她不断地充电学习。皇天不负有心人，很快郭颖就在企业组织的交流活动中脱颖而出，受到了领导的赞扬。现在的她又升至部门主任，晋升时间比其他人足足快了一年的时间。

很多人稳定下来之后，就只关注眼前的工作了。这虽然也是踏实工作的表现，但是就长远发展来说，人们应该争取站在更高的角度审视自己的

未来发展。既要埋头苦干，也要培养、扩展自己的眼界。郭颖之所以较快地得到晋升，和她善于开阔眼界的习惯是分不开的。

改变现状并不难，开阔视野，提升眼界就是一个重要的方法。具体做法如下：

（1）列举奋斗目标

充分掌握行业的情况，在综合评估、分析自己实际能力的基础上，有目的、有步骤地列举奋斗目标，寻找可以保持自己事业常青的方法。如果眼界狭窄，对自己的生活没有科学规划，就如同在河流中失去了船桨，难以确定自己的航行路线。

（2）积累自己

开阔的眼界就是不断积累自己的过程。资本提升，业务能力也稳步增长后，竞争力也会随之上升，眼界也会在充电的过程中稳步打开。

（3）扩展人脉交际圈子

打开眼界首先需扩展自己的人脉交际"圈子"。不同的人与际遇可以带给你不同的体验和感受。三人行，必有我师焉，多向别人请教问题，再加以用心思考，既能稳步拓展你的人脉圈子，同时眼界和心胸也会在这一过程中一并打开。

（4）提升身体素质

开阔眼界，不能仅仅专注于对专业素养的培养，还应该培养自己多方面的兴趣爱好，强健的身心更利于我们保持好的精神状态。

眼界开阔了，人生也会变得开阔和多彩！

 思 考

1. 郭颖的故事给你带来哪些启示？

2. 你是否有"开拓眼界"的意识，请简要分享你的心得。

提升气场：打造好你独一无二的精神名片

> 每个人体内都存在一种微妙的气息和能量，这种气息和能量就是气场。气场的形成，不是源于外部条件的装饰，而是源于内心精神世界的强大，以及对追求精彩人生的渴望。

皮科菲尔在《气场》一书中谈到，人的气场是由三部分组成的：格局、内在的势，以及人气。所以气场是人的内心、外在、格局态度的综合体现。别人可以通过你的穿着打扮、为人处事的风格来了解你的工作、性格、家庭等方面的信息。而要想了解你的精神世界，就要通过感受你的气场来分析。

想要有所成就的员工，需要拥有自己的独立的个性特征，而个性也是一种特殊的气场。气场的形成，不是源于外部条件的装饰，而是源于内心精神世界的强大，以及对追求精彩人生的渴望。

气场是一种可以感染别人，带动别人的整体感觉。你的气场强大了，周围的人也会慢慢向你靠近，将你当作榜样。那么，该如何来提升自己的气场呢？

（1）动作

除了内在修炼，还可以通过一些动作调整来达到提升气场的目的。

比如当你坐在会议室的椅子中，可以将手肘往外延伸放置，可以显示你的自信与姿态。那些胆小的人，通常会将手肘收起来，或者紧张地怀抱双手，这虽然是保护自己的一种方法，却也显示出了他们的胆小和紧张。

（2）语气

说话时，可以适当地添加一些有力的词组，例如发现、结果、简单、安全等，这样可以使你看起来逻辑思维清晰，更容易获得他人的信赖。

（3）眼神

眼睛是人心灵的窗户，一个人的眼神可以直接反映出这个人的性格特征和情感状态。

不敢正视他人的人是充满怯懦、恐惧的人，所以修炼气场很重要的一个方式就是学着睁大你的双眼，去正视别人。不躲闪，不恐惧，以坦荡的眼神去凝聚别人的注意力，表现出你的自信和个人魅力。

（4）走路姿势

改变走路姿态和速度可以帮助你修炼气场。昂首挺胸是走路的基本姿态，这样可以表现出你的自信与健康的心境。而适当提快速度，也可以给人一种明朗、积极的感觉。

修炼气场，就应该学会自我暗示，坚信自己并不比别人差，并且要有下定决心就坚持下去的魄力。虽说并非人人都能修炼成强大的气场，但是努力过后，你的魅力和气魄一定会让成功离你更近。

思 考

1.你认为气场对一个人的影响大吗？请简要分享你的观点。

2.如果你是老板，请你自省自己是否属于气场强大的老板，为什么？

学会舍得：能取舍自如，就不会患得患失

先因其舍，故有其得。换种思维看自己，舍得自然会有判断。有时候学会舍弃不是不思进取，而是一种豁达。对于一些不切实际，那些始终无法得到的东西要勇敢去舍弃，还自己心灵的安宁。舍得既是对自己的解脱，也是对未来新生活的重新期待。

春秋时期，鲁国规定：凡是有人把国家之外的鲁国人赎回来做仆人，国家会支付这笔赎金。孔子的学生子贡经常在外做生意，解救了不少被奴役在外的鲁国人。按照规定，国家要将赎金支付给子贡。经商已久的子贡觉得自己不缺这些钱财，于是拒绝了这笔赎金。

很多人赞扬了子贡，说他仗义疏财，为人直爽。但是孔子却批评了自己的徒弟。孔子说："鲁国本来就不富有，国家之所以出台这样的政策，是为了鼓励人们不需要额外花费钱财就能解救鲁国人。你这么做，固然是好事。但是其他人如果打算解救鲁国人，一看子贡都没有要钱，自己如果收国家的钱就显得自己境界很低。因为这个原因，就会有人放弃解救鲁国的奴仆的。"

这个故事告诉我们，舍和得之间是存在辩证关系的。有时看似是得，却是舍，有时看似是舍，却有得。

对于职场新人来说，要学会舍得自如，就不应该患得患失。得与舍之间存在相互转化的关系，却不是能够立即见效的。只有眼光长远，思虑周全之人，才能处理好舍、得之间的关系。

面对复杂的社会生活，面对压力巨大的工作，我们几乎每天都要面对舍还是得的选择题。当你选择一些事情的时候，就会放弃另一些事情，但无论如何取舍，都要保证自己立场的正确性。

唐丰是一家快餐店的老板，经营快餐店之初，一些身边的朋友曾经告诉他：做餐饮生意，你得"脑子灵活"一点，可以在食材上"动动心思"，降低成本。唐丰明白，这些在商场拼杀了多年的老友有的已经被利益冲昏了头脑，他们穷尽一切办法去赚取利益，甚至在经营中出现偷工减料的现象。

唐丰有自己的底线和原则，他不想让任何意外状况毁掉自己的事业。于是，他没有听取朋友的劝告，没有用质量欠佳的原材料代替优质材料，他甚至选用了业内最好的材料来配制食品蘸酱、配料。

唐丰舍去了可以投机取巧的机会，虽然看似成本增加了不少。但是经过两年的经营之后，他的快餐店在业内获得到了极好的口碑。现在他的连锁快餐店已经遍布了全国十几个城市。

莎士比亚曾说："如果没有理智，我们就会被感情弄得筋疲力尽。为了制止荒唐的感情，才有了智慧。"先因其舍，故有其得。换种思维看自己，舍得自然会有判断。有时候学会舍弃不是不思进取，而是一种豁达。对于一些不切实际，自己始终无法得到的东西要勇敢去舍弃，是对自己的解脱，也是对未来新生活的重新期待。

 思 考

1. 唐丰的故事给你带来哪些启示？

2. 你如何理解"舍与得"的智慧，请浅谈你的心得。

换位思考：多替别人着想，必定助力无限

> 人与人之间的交往，是将心比心的一种互动。善于为别人考虑的人，能够站在别人的立场上看待问题，也因此能够得到对方的理解和尊重。

职场中的很多矛盾都是源于彼此只运用了"责人之心"看待和解决问题，却从没有想过以"恕己之心"待人。每个人所处的环境、位置、角色都有差异，每个人对待同一件事情的想法也会不同。如果一味地站在自己的角度上看待他人，难免会产生矛盾。有时候需要我们将自己看作是别人，在角色和角度的转换中理解别人的立场和行为。

有的人认为，自己和对方所处的位置不一样，为什么要替别人着想。以自我为中心的人，看不到工作和人际关系中的整体格局，只能看到与自己有着直接联系的利益。这样的心态让人们在为人处事中迷失了方向，遇到纷争或者分歧的时候，就会变得束手无策。有的人还会采取暴力的行为让自己与对方的关系变得更加恶化，局面也难以挽回。

无法替别人着想的人，永远无法成为一名成功的专业职场人。

有一位国际企业驻中国地区的总裁，每当他要升任一位经理时，会提前一年与其谈话，并告诉对方："我认为你有担任经理职位的潜力。"同时，这位总裁还会向对方提出一个重要的要求，那就是从现在开始转变自己思

考问题的一些方法，尝试着站在员工的位置去思考问题。这位总裁认为，既然要成就大事业，担任更大的责任，就不能老站在原来的位置上看问题，要学着替更多不同位置的人考虑问题，才能洞察不同角色的心理。

很多管理者都认为，工作中的协调、处理问题的环节最为困难。很多人会以一种"我和他们"的心理开展工作，那么在和其他部门的人员合作时，就会比较容易产生斗争。在自己的本职岗位上出色工作，只是工作能力的一个方面，而如果能够在职场中保持良好的人际关系网，赢得众人的尊重，并且能够处理与他人之间不同的矛盾和纠纷，才是一种综合能力的体现。

职场中人应该以更加开阔的胸襟、更广阔的视野去看待事情，以更宽容的态度去体谅别人，换位思考。当面对工作中出现的重大任务和压力时，需要站在那些优秀的员工角度来鞭策自己——想想别人为什么能够在此类的工作中游刃有余；别人是怎么抗击压力，制造出耀眼的成绩的？站在比自己强的人的角度来看待自己，可以激发自己的斗志，促使自己在挑战中迅速地提高工作能力，以使自己全方面发展。

当你的竞争对手取得了某项成绩，完成了某项任务，不要盲目在对方身上"挑刺"，让嫉妒蒙蔽了你对客观现实的判断能力。冷静思考，对方身上是否有自己欠缺的品质和能力，并对自己以后的工作提出新的要求和规划。能够善于严格要求自己的人，对自己的事业和发展一定有着高标准和希望。这样的人在虚心向他人学习后，大多能够达成自己的目标。

以责人之心责己，以恕己之心恕人，是一种人生智慧。严格要求自己——多将自己当别人去要求，宽容对待他人——多将他人当自己去对待。只有角色转换，站在对方的角度去看待他人，才能赢得他人的赞赏和信任。

▶▶▶ | 思 考 |

1. 上文中总裁的"换位思维"对你有何启示？

2. 如何你是老板，你会如何看待那些具备"责人之心"的员工？